Neuseeland auf eigene Faust

Freud und Leid beim Campen

von Rosemarie Schmidt

Neuseeland auf eigene Faust

Freud und Leid beim Campen

Von Rosemarie Schmidt

© 2008 Rosemarie Schmidt
Herstellungund Verlag: „Books on Demand GmbH,
Norderstedt"

ISBN: 9783837085167

Inhaltsverzeichnis

Die Nordinsel

Vorwort

4 Wochen Neuseeland im Wohnmobil – klingt gut! Aber das sind auch 4 Wochen zu viert. 2 Paare zusammen in einem Raum, auf ca. 10 qm Wohnfläche. Da muss es zwangsläufig zu Reibereien kommen.

Die 2 Paare, das sind zuerst einmal mein Mann Rainer, Beamter, Zigarrenraucher und ich (Romy), Hausfrau und Sekretärin (halbtags), seit 10 Jahren Nichtraucherin, wir haben 1 Sohn, 1 Enkel.
Und dann Franz, kfm. Angestellter, ebenfalls Zigarrenraucher und Jutta, seine Frau, Verkäuferin. Keine Kinder. Franz ist mit mir 1 Jahr zur Schule gegangen. Rainer und er kennen sich seit ihrer gemeinsamen Zeit beim Bund, wo Rainer seinen Wehrdienst ableistete und Franz Zeitsoldat war. Wir alle sind etwas über 50.

Wir vier haben ein gemeinsames Hobby - Reisen. Daher waren wir auch bereits mehrmals zusammen unterwegs. Einmal sogar schon in einem Wohnmobil, aber nur 3 Wochen. Allerdings war damals unser Gefährt knapp 11 Meter lang und jedes Paar hatte einen, durch Türen getrennten eigenen Wohnbereich. So lange Wohnmobile gibt es in Neuseeland leider nicht. Die Straßenverhältnisse lassen diese Länge einfach nicht zu. Trotzdem, schon damals waren wir froh, als die 3 Wochen im Camper um waren. Man geht sich einfach im Laufe der Zeit „gewaltig auf den Geist". Dabei waren wir da noch 10 Jahre jünger!

Bei der Planung der Reise bin ich die einzige, die meint wir sollten uns 4 Wochen auf so engem Raum nicht zumuten. Ich bin für 2 getrennte Wohnmobile. Doch leider stehe ich mit meiner Meinung alleine da. Das Franz Juttas Meinung teilt ist normal, aber dass sogar Rainer meine Bedenken nicht ernst nimmt, enttäuscht mich. Natürlich hat Rainer Recht, wenn er argumentiert dass 2 Wohnmobile doppelt so teuer sind und auch das Doppelte an Sprit verbrauchen. Außerdem müssten dann immer zwei fahren und Franz lässt seine Jutta ganz sicher nicht ans Steuer. Er müsste also die ganze Strecke alleine fahren, was für ihn sehr unbequem wäre. Wir wollen nämlich möglichst viel sehen, daher wird sicher jeder Tag stressig, auch was die jeweiligen Fahrstrecken angeht. Ein Erholungsurlaub wird das sicher nicht! (Am Ende sind es immerhin ca. 5.150 mit dem Camper gefahrene Kilometer.) Kurz und gut, ich werde überstimmt – aber nicht überzeugt. Meiner Meinung nach ist Ärger vorprogrammiert. Da können Franz und Rainer noch so oft sagen „wir sind doch vernünftige, erwachsene Menschen!" Leider habe ich Recht behalten! Aber, keine Angst, wir haben uns nicht gegenseitig umgebracht. Ach, lesen sie doch einfach selbst!

Wie schon gesagt, unsere Reise führt uns nach Neuseeland. Eigentlich wollten wir ja nach Kanada. Der Osten sollte es sein. Wir hatten schon mit der Ausarbeitung der Route angefangen. Neuseeland war eigentlich erst später geplant. Doch dann haben wir beschlossen wir fahren doch besser jetzt nach Neuseeland. Zwei Gründe waren dafür ausschlaggebend:

1. Wir konnten uns für Kanada auf keine Reisezeit einigen. Jutta will lieber im August fahren, ich lieber Ende September. Im September haben unsere Freunde Ade und Angela, die wie immer auf unseren Hund aufpassen werden, eher Zeit. Nach Neuseeland dagegen fliegen wir im April. Dieser Monat passt uns allen.
2. Der Flug nach Neuseeland ist sehr anstrengend – es gibt schließlich keinen längeren. Da wir aber nicht jünger werden, sollten wir den Neuseelandurlaub machen so lange wir alle vier noch einigermaßen gesund und rüstig sind.

Für Neuseeland brauchen wir Zeit, viel Zeit. Wir haben uns auf knappe 5 Wochen geeinigt. Den Flug haben wir bei der Singapur Air gebucht. Wir werden also ab Frankfurt in ca. 12 Stunden nach Singapur fliegen. Hier haben wir 1 Nacht und 1 Tag Zeit zum Regenerieren. Dann geht es weiter auf die Südinsel Neuseelands, nach Christchurch.
Erst nachdem wir gebucht haben, erfahren wir, dass bei einem Flug über Amerika (also die andere

Richtung) bedeutend mehr Gepäck erlaubt wäre – nicht nur die üblichen 20 kg pro Person, die bei fast 5 Wochen Urlaub größere logistische Probleme beim Packen mit sich bringen.

Jutta und Franz schwärmen immer von „Südseeflair" auf der Nordinsel Neuseelands. Jutta packt daher für die Nordinsel vor allem kurze Hosen für Franz, und auch für sich entsprechend „leichte" Kleidung ein. So ganz nehme ich ihnen die Temperaturen, die dort herrschen sollen aber nicht ab, da in sämtlichen Reiseführern die ich bisher gelesen habe auch für die Nordinsel zu dieser Jahreszeit von Höchsttemperaturen von 20 – 25 °C die Rede ist. Ich werde also, im Gegensatz zu Jutta auf hochsommerliches Outfit verzichten und mehr „Allwetterkleidung" einpacken. Aber meine Taucherbrille nehme ich vorsichtshalber doch mit.

Wir haben beschlossen unsere Reise in Christchurch zu beginnen, nicht wie bei den meisten Reiseveranstaltern angeboten in Auckland, denn wir kommen am 01.04. in Neuseeland an und da wird es hier allmählich Herbst. Wir hoffen durch unseren „antizyklischen" Reiseverlauf vor allem auf der Südinsel noch auf spätsommerliche Temperaturen. Die Nordinsel soll ja sowieso etwas wärmer sein.

1. Tag Straubing – Frankfurt   380 km

Am Morgen ruft uns Franz an und meint wir (das heißt natürlich im Klartext ich) sollen doch, wenn möglich so packen, dass wir in Singapur nur unser Handgepäck brauchen. Ihm ist gerade eingefallen (da ist er aber früh dran!) dass wir so unser „großes" Gepäck gleich nach Christchurch durchchecken lassen können – wenn das möglich ist. Er hat das auch bereits Jutta gesagt und die Arme packt jetzt in aller Eile um. Rainer und ich glauben zwar nicht, dass das mit dem Durchchecken geht, denn wir haben in Singapur über 24 Stunden Aufenthalt, aber wenn, dann haben wir kein Problem damit, ich habe sowieso so gepackt, dass alles, was wir in Singapur und zum Weiterflug brauchen in unserem kleinen Trolly steckt. Ich habe keine Lust im Hotel alle Gepäckstücke durchwühlen zu müssen.

Dann geht es tatsächlich los. Martin, unser Sohn, fährt uns zum Bahnhof. Wir sind bereits vor 11.00 Uhr dort - Abfahrt des Zuges nach Regensburg ist um 11.30 Uhr. Wir warten auf Jutta und Franz. Wir warten und warten. Als sie um 11.15 Uhr noch immer nicht da sind, wird sogar Rainer unruhig. Ich rufe Franz am Handy an – es ist (natürlich, wie immer) ausgeschaltet. Dann versuche ich es zuhause. Etwas nervös sage ich zu Rainer: „wenn jetzt jemand abhebt, bekomme ich einen Schreikrampf!" Es hebt zum Glück niemand ab! Rainer kann schon nicht mehr ruhig stehen. Er läuft nervös auf und ab. Wir überlegen, ob wir alleine

11

losfahren sollen, was aber nicht so einfach ist, denn Franz hat das Zugticket (für 4 Personen 1 Ticket). Aber wenn sie nicht bald kommen, fahren wir wirklich alleine los! Der Zug ist schon da. Wir beschließen jetzt einfach einzusteigen, denn mit dem ganzen Gepäck dauert das seine Zeit. Sollten Jutta und Franz wirklich nicht mehr rechtzeitig kommen, lösen wir eben im Zug die Fahrscheine nach. Zum Glück haben wir wenigstens unsere Flugtickets! Aber um 11.25 Uhr kommen Jutta und Franz dann doch noch. Endlich! Auf der üblichen Fahrstrecke zum Bahnhof war eine Baustelle. Die ist da allerdings schon länger.

So, jetzt beginnt der Urlaub. Wir fahren mit der Bahn nach Frankfurt. Unser Flug startet zwar erst um 22.25 Uhr, aber da die Deutsche Bahn in Sachen Pünktlichkeit nicht gerade den besten Ruf genießt, fahren wir vorsichtshalber schon so früh los um ja genügend Spielraum zu haben, wenn ein Zug Verspätung haben sollte. Umsteigen müssen wir nur in Regensburg. Ab hier fahren wir mit dem ICE durch bis Frankfurt. Entgegen unseren Befürchtungen kommt der Zug pünktlich. Das Umsteigen mit einem schweren Koffer, einer schweren Tasche, einem Trolly und einem Rucksack ist Schwerstarbeit. Jutta und Franz haben noch eine Tasche mehr zu schleppen. Endlich finden wir unsere reservierten Plätze. Leider kann man aber nur Sitzplätze reservieren – nicht Stellplätze fürs Gepäck. Wir müssen uns daher nicht sehr freundliche Worte von Mitreisenden anhören, die an unserem Gepäck kaum vorbei kommen. Wir können es nicht ändern – oder sollen wir vielleicht unser Gepäck auf den Schoß nehmen? Nach insgesamt 4 Stunden Fahrt sind wir pünktlich in Frankfurt. Als erstes lassen sich unsere Männer am Bahnhof die Sitzplätze für unsere Rückfahrt reservieren. Jetzt haben wir viel Zeit. Unser Flug nach Singapur startet erst um 22.25 Uhr. Ach ja, das Gepäck kann nicht bis Christchurch durchgecheckt werden.

2. Tag Frankfurt - Singapur   10.298 km

12 Stunden Flug! Schrecklich! Wir fliegen mit Singapur Air. Diese Fluglinie ist berühmt für ihren guten Service. Die zarten Stewardessen (höchstens Kleidergröße 34) und in ihrer Nationaltracht übrigens auch für uns Frauen eine Augenweide, tun ihr Bestes um uns die Zeit nicht lang werden zu lassen. Ständig sind sie unterwegs, um uns etwas zu Trinken bzw. zum Essen zu bringen. Wir bekommen sogar eine Speisekarte und können zwischen zwei Gerichten wählen. Als Dessert gibt es Eis. Eis im Flugzeug – das hatten wir bisher noch nie!
Wir vier sitzen direkt hinter einer Trennwand und haben so genügend Beinfreiheit. Monitore auf denen wir uns ansehen können wo sich das Flugzeug gerade befindet, bzw. um Filme anzuschauen, sind auf Metallbügeln unterhalb unserer Sitze geparkt. Man kann sie bequem hochdrehen und dann mittels Fernbedienung zwischen ca. 40 Spielfilmen, Computerspielen und Musikprogrammen wählen. Der Ton kommt natürlich über Kopfhörer. Bei den Spielfilmen kann man sogar zwischen mehreren

Sprachen wählen. Nur die Untertitel sind immer irgendwie thailändisch bzw. chinesisch – bringen uns also nicht unbedingt etwas.

Ich schaue mir „Das Phantom der Oper" an. Den Film kenne ich zwar schon, aber hier kann ich ihn nochmals in aller Ruhe genießen und die Stimmen der Sänger in den verschiedenen Sprachen vergleichen. Ich finde, der englische Sänger ist der beste, gefolgt vom deutschen. Die spanischen und französischen Sänger können da nicht mithalten. Als wir in Singapur landen, kann ich den Text (natürlich nur in Gedanken) mitsingen.

Am späten Nachmittag, nach 12 Stunden Flug und einer Zeitverschiebung von +6 Stunden, kommen wir in Singapur an. Die Zollformalitäten sind schnell erledigt. Dann suchen wir uns ein Großraumtaxi (wegen des vielen Gepäcks) und ab geht's in unser Hotel. Noch vor dem Einsteigen in unser klimatisiertes Taxi, nehmen wir ein paar Züge der feuchtschwülen, heißen Singapurer Luft. Es hat sicher über 30 °C. In Straubing hatten wir bei unserer Abfahrt noch Bodenfrost. Die Fahrt vom Flughafen zum Hotel ist lang, ca. 40 Minuten sind wir unterwegs. Da sich der Flughafen in der Peripherie befindet, gibt es aber nicht viel zu sehen. Nur die Pflanzenwelt ist natürlich interessant und auch das riesige Verkehrsaufkommen auf den Stadtautobahnen (immer auf der für uns falschen Straßenseite). Wir wohnen im Orchard Hotel. Als wir am Hotel ankommen und aus unserem Taxi aussteigen, beschlägt sofort meine Brille. Ich sehe fast nichts mehr. Also nichts wie hinein ins Hotel. Drinnen, im klimatisierten Foyer bessert sich die Sicht und auch meine Laune schlagartig. Das Hotel sieht wirklich gut aus! Überall stehen lange Orchideenrispen schön dekoriert herum und Wasser plätschert über eine Art schwarze Marmortreppe vom ersten Stock herunter. Auch hier stehen Orchideenarrangements. Wir bekommen unsere Zimmer zugewiesen. Rainer lässt sich ein Raucherzimmer geben, Franz nicht. Auch in allen Restaurants ist natürlich das Rauchen strikt verboten. Franz und Rainer sind Zigarrenraucher. Da Jutta lieber in einem rauchfreien Zimmer schläft, schickt sie Franz zum Rauchen zu uns!

Nachdem wir geduscht haben und uns den Temperaturen entsprechend umgezogen haben, unternehmen wir einen ersten Orientierungsbummel entlang der Orchardroad (Singapurs berühmteste Einkaufsstraße). Es war schon gut, dass wir ein Hotel direkt an dieser Straße gebucht haben! Bald finden wir ein Restaurant mit Tischen im Freien neben der Straße. Von hier aus können wir beim Abendessen die Leute beobachten. Rainer und Franz dürfen, da wir im Freien sitzen, sogar rauchen. Bald nach dem Essen werden wir allerdings alle ziemlich müde. Es war doch ein sehr langer Tag. Also bummeln wir wieder zurück ins Hotel.

3. Tag Singapur – Christchurch   8.411 km

Wir haben einen ganzen Tag Zeit für Singapur. Das ist nicht viel – aber es muss reichen. Schon zu Hause haben Rainer und ich uns anhand unseres

Reiseführers informiert. Wir wissen ganz genau, was wir uns unbedingt anschauen wollen.

Doch zuerst wird einmal richtig gefrühstückt. Das Frühstück hier ist überwältigend. So ein reichhaltiges Angebot habe ich noch nie gesehen. Das liegt vor allem an dem Völkergemisch, das sich vor dem Frühstücksbuffet trifft. Wir sehen Inder, Japaner, Thailänder, Amerikaner, Engländer (und 4 Deutsche). Alle bekommen das Frühstück, das sie von zuhause gewohnt sind. Es gibt Suppe, Reis, Hühnerfleisch scharf gewürzt, (mit Stäbchen), geräucherten Lachs, Kuchen, Eier in jeder Variation, Obst, Säfte, Wurst, Schinken, scharf gewürztes Gemüse, gebratene Nudeln u.v.m. dabei einiges, was ich nicht kenne. Aber ich habe mein Bestes gegeben um möglichst viel Neues zu probieren. Mein Magen hält so etwas zum Glück aus. Zurück in unserem Zimmer kontrollieren wir noch kurz, ob unsere Sachen alle wieder gut verstaut sind, dann lassen wir unser Gepäck in einem separaten Raum direkt neben dem Eingang gut verwahren. Hier können wir es abends, bevor wir zum Flughafen fahren, wieder abholen.

So, jetzt kann es losgehen – Singapur im Schnelldurchlauf!

Franz und Jutta waren schon einmal in Singapur. Rainer und ich gehen daher davon aus, dass sie uns die Stadt zeigen können. Wir merken allerdings schnell, dass das nicht der Fall ist. Aber zum Glück haben wenigstens Rainer und ich unseren Reiseführer gelesen. Als erstes wollen wir eine Hafen- bzw. Flussrundfahrt machen. Also fahren wir mit der U-

Bahn in Richtung Hafen. Mit der U-Bahn fahren ist, wie überall auf der Welt, sehr einfach. Man tippt in einen Automaten das Ziel der Fahrt ein, zieht, nachdem man den gewünschten Betrag eingeschmissen hat, ein Ticket – fertig. Dieses Ticket muss man auf ein Sicht- bzw. Lesefenster an der Sperre legen. Schon geht die Schranke auf und man darf zur U-Bahn. Übrigens braucht man dieses Ticket am Ende der Fahrt wieder. Das gleiche Spielchen nochmals – Karte auflegen, Schranke geht auf. Dann steckt man die Karte wieder in den Automaten und bekommt 1 $ Pfand zurück. Wir fahren also auf gut Glück Richtung Hafen. Als wir aussteigen, merken wir, dass wir wahrscheinlich zu weit gefahren sind. Hier ist nichts los. Die Wolkenkratzer Singapurs, von denen wir meinen sie wären am Hafen, sind weit entfernt. Für mich mindestens eine gute Stunde Fußmarsch weit weg! Franz will sofort losmarschieren (das will er immer). Doch dann können wir ihn überreden wieder mit der U-Bahn zurück zu fahren. Also das gleiche Spielchen: Karte ziehen, auflegen, usw. Als wir wieder aussteigen, kennen wir uns genau so gut aus wie vorher. Die Wolkenkratzer sind jetzt etwas links versetzt vor uns. Franz ist natürlich sofort wieder dafür, dass wir in Richtung der Hochhäuser gehen. Rainer kann in aber dazu überreden zuerst das Gebäude in dem sich die U-Bahnstation befindet, zur Orientierung zu umrunden. Zum Glück entdecke ich gerade noch rechtzeitig das Esplanade Theatre. Diesen „Stachelschwein bzw. Fliegenauge" genannten interessanten Bau habe ich schon einmal gesehen – in unserem Reiseführer. Jetzt haben wir einen

Anhaltspunkt. Laut Reiseführer steht das Theater mit seinen 1.600 Sitzplätzen nicht weit von der Marina Bay und dort wollen wir schließlich hin. Wir haben „Marina" mit „Harbour" verwechselt. Nach ein paar Minuten stehen wir an unserem „Hafen" der Marina Bay. Die Skyline von Singapur ist wirklich beeindruckend. Wir beschließen eine Rundfahrt mit einer Dschunke durch die Bay und den Geylang River zu unternehmen. Doch zuerst haben wir Durst (was bei den Temperaturen kein Wunder ist). Wir setzen und also in ein kleines Straßencafe mit Blick über den Hafen und kaufen uns je einen Capuccino. Das Interessanteste am Kaffee ist der Zucker. Er wird flüssig in einem „Milchkännchen" gebracht. Dann besteigen wir die Dschunke. Mit uns sind noch 5 andere Touristen an Bord. Wir fahren zuerst die Bay entlang.

Die Skyline von Singapur

So kommen wir auch direkt zu Merlion, dem Wahrzeichen Singapurs. Es ist ein schönes Fotomotiv das sich kein Tourist entgehen lässt, wenn der

Fischlöwe vor den Wolkenkratzern ins Wasser spuckt. Wir fahren vorbei an großen, bunten Touristendschunken und dann hinein in die Kanäle und Seitenarme des Geylang Rivers. Hier verbinden viele kleine und größere Brücken die Inseln Singapurs. Man wird unwillkürlich an Venedig erinnert – allerdings ein sehr modernes Venedig. Nach unserer Dschunkenfahrt machen wir uns zu Fuß auf zum Sri Mariamman Tempel. Ein kurzer, warmer Regenschauer kann uns nicht stoppen, obwohl Jutta, die immer Angst um ihre Frisur hat, sich lieber untergestellt hätte. Da wir im Reiseführer auch einen Stadtplan haben, ist das bunte hinduistische Gotteshaus bald gefunden. Der Sri Mariamman Tempel ist so klein, dass sich eine Besichtigung von Innen für uns nicht lohnt. Ein Blick durch die geöffnete Tür reicht uns.

Sri Mariamman Tempel

Nach einem kurzen Fotostopp geht's weiter durch Little India und Chinatown hindurch. In einem schön angelegten kleinen Park auf einer Fußgängerbrücke zwischen zwei Einkaufszentren und direkt über einer vierspurigen Straße (das nennt man platzsparend bauen), machen wir kurz Rast. Dann wird es allmählich schon wieder Zeit um an den Rückweg zu denken. Wir fahren wieder mit der U-Bahn zurück in die Orchardroad. Hier kennen wir uns schon einigermaßen aus. Kurz vor unserem Hotel in einem Starbuckcafe kaufen wir uns noch einen letzten Capuccino. Dann müssen wir zurück ins Hotel und unsere Koffer abholen. Die warten gut verwahrt und verschlossen auf uns. Wir bekommen sie zurück, ein Großraumtaxi wird für uns geordert und es geht zurück zum Flughafen.

Nachdem wir unser Gepäck aufgegeben haben, bleibt uns noch genügend Zeit zu einem Besuch des berühmten Orchideengartens im Flughafengelände. Diese Farbenpracht – ein Augenschmaus. Unsere Männer würden gerne noch eine letzte Zigarre rauch. Doch auch hier im Flughafengeländer herrscht absolutes Rauchverbot. Daher sind sie ganz glücklich, als sie ein Pub entdecken das damit wirbt, dass hier geraucht werden darf.

Abends um 21.05 Uhr geht unser Flug weiter nach Christchurch. Die Ausreise bringt keine Probleme. Auch diesmal sind unsere Plätze wieder fast „komfortabel" (den Umständen entsprechend). Wieder haben wir einen langen Flug vor uns. Diesmal sind es 10 Stunden (Zeitunterschied + 4 Stunden) die wir mit Essen, Schlafen und Videos anschauen, überbrücken müssen.

4. Tag Christchurch

Ankunft ca. 11.30 Uhr. Erst müssen wir durch die Zollkontrollen. Dass die hier streng sind, haben wir schon gehört. Aber dass wir in der Warteschlange vor der Passkontrolle stehend, von einem Drogenhund abgeschnüffelt werden – oder sucht der nur nach Lebensmitteln (Einfuhr strengstens verboten)? Das habe ich nicht erwartet! Natürlich muss ein langes Formular ausgefüllt werden – ob wir evtl. schon einmal unter einem anderen Namen versucht haben einzureisen (!?!) bzw. ob unsere Einreise schon einmal abgelehnt wurde und ganz wichtig, ob wir Lebensmittel dabei haben. Wir passieren auch diese Kontrolle – dann werden wir, beim Warten auf unser Gepäck nochmals von einem anderen, kleineren (übrigens recht süßen) Hund, einem Beagle (Beagle = Spürhund), abgeschnüffelt. Die Hundeführerin fragt ganz offen ob wir Lebensmittel dabei haben. Endlich bekommen wir unser Gepäck wieder und denken, wir haben alles überstanden. Doch weit gefehlt. Wir müssen noch an einer Kontrolle vorbei. Ein Beamter in Uniform sieht sich unser Gepäck an und entscheidet dann, ob wir auf der gelben Linie zum Durchleuchten unserer Koffer weiter gehen dürfen, oder auf einer roten. Ich glaube, die rote ist gefährlicher. Wir dürfen auf der gelben gehen. Die Koffer werden durchleuchtet und für unbedenklich eingestuft. Neben uns auf der roten Spur wird gerade das Gepäck eines Inders zerlegt. Er hat, soweit ich sehen kann, jede Menge Nudeln dabei. Ob er schmuggeln wollte, oder schon vorher die Lebensmittel deklariert hat, wissen wir natürlich nicht. Jedenfalls sieht er nicht glücklich aus.

Nach einem kurzen Telefongespräch mit der Fa. KEA, bei der wir unser Wohnmobil bestellt haben, werden wir von einem Shuttlebus abgeholt und zu unserem künftigen Heim (für die nächsten 4 Wochen) gefahren. Die Fahrerin spricht sehr gut deutsch. Die Fahrt ist nicht sehr weit. Bald stehen wir auf dem Gelände zur Wohnmobilübergabe. Doch bevor wir endlich unseren Camper in Augenschein nehmen dürfen, muss erst der Papierkram erledigt werden. Dann endlich ist es so weit. Wir sehen unseren Camper. Mein Gott, ist der klein (für 4 Personen)! Wo sollen wir hier bloß unsere ganzen Sachen unterbringen? Dabei hat der Camper laut Beschreibung Platz für 6 Leute! Außerdem konnten wir in allen Reiseprospekten, die wir gewälzt haben, keinen größeren finden. Aber irgendwie lässt sich unser Gepäck verstauen (bis auf die großen, jetzt leeren Schalenkoffer). Zum Glück verfügt unser Camper aber wenigstens über eine extra Nasszelle mit WC und kleinem Waschbecken. Den Raum könnte man auch als Dusche nutzen, wobei man vor jedem Duschen den Raum total ausräumen und sämtliche Handtücher, ja sogar die WC-Rolle in Sicherheit bringen müsste, denn der ganze Raum wird dann zur Duschkabine. Nach dem Duschen müsste man dann zumindest die Toilette und den kleinen Spiegelschrank wieder irgendwie trocken bekommen. Duschen werden wir also sicher nicht hier. Auch die Toilette werden wir nur in Notfällen nutzen, denn das umständliche Entleeren des Auffangbehälters gehört sicher nicht zu den Aufgaben, die unsere Männer gerne erledigen. Aber, es ist immer gut zu wissen, dass ein WC in der Nähe ist.

Dann kommen wir zur Bettenverteilung. Wir beschließen, dass Franz und Jutta hinten, im eigentlichen Wohnzimmer, schlafen sollen. Hier gibt es eine Eckbank und einen Tisch. Beides lässt sich zu einem leidlich bequemen Doppelbett umbauen. Ein weiterer Tisch und zwei zweisitzige Bänke (auch die lassen sich eigentlich zu einem Bett umbauen) befinden sich noch in Höhe der Kochzeile. Also brauchen wir die Sitzecke hinten im Wagen nicht unbedingt. Wir werden auf sie verzichten und Jutta und Franz können dort ihr Bett aufschlagen ohne jeden Tag wieder umbauen zu müssen. Rainer und ich werden über der Fahrerkabine in einem sehr bequemen Alkoven schlafen. Das Bett dort oben misst ca. 2,50 x 1,60 Meter, ist also wirklich angenehm breit. Dafür ist allerdings der Raum über unseren Köpfen sehr begrenzt. nur ca. 70 cm Raum (schätze ich mal), ab Oberkante Matratze haben wir. Das wird problematisch, sobald Rainer, der hinten schläft, das Bett verlassen will und ich nicht. Denn ich schlafe vorne „am Abgrund". Leider muss man, um in unser Bett zu kommen, über eine Leiter klettern. Aber auch das bekommen wir (vor allem ich habe da anfangs Probleme) jeden Tag besser hin. Die zwei Bänke incl. Tisch, in Höhe der Küche, werden uns in den nächsten Tagen als Esszimmer und Wohnzimmer dienen und während der Fahrt als Sitzgelegenheit. Man sitzt hier zwar nicht so bequem wie im Fond eines Pkws, aber Sicherheitsgurte sind immerhin vorhanden.

Der Camper ist mit Geschirr, Gläsern, Töpfen, Besteck, Handtüchern und Geschirrtüchern ausgestattet. Sogar einen Toaster und eine Kaffeemaschine haben wir. Trotzdem, jetzt müssen wir unbedingt Einkaufen fahren. Der Kühlschrank ist leer. Wir lassen uns zeigen, wo das nächste Einkaufzentrum ist und fahren los. Das Einkaufszentrum ist riesig. Bevor es losgehen kann mit dem Einkaufen, eröffnen wir noch eine gemeinsame „Haushaltskasse". Jedes Paar zahlt hier

unser Camper – ganze 6,70 m lang

den gleichen Betrag ein. Aus dieser Kasse werden wir in den nächsten Wochen unsere Lebensmittel kaufen und auch das Benzin bezahlen. Ist die Kasse leer, wird eben wieder eingezahlt. Jutta bietet sich an diese Kasse zu führen. Da sonst Niemand erpicht darauf ist diesen Job zu übernehmen, kann sie das gerne machen. Dann starten wir zu unserem ersten gemeinsamen Einkauf.

Heute wollen wir nicht mehr weit fahren. Wir finden schnell einen Campingplatz. Jetzt richten wir uns erst einmal häuslich ein. Die zwei großen Koffer bringen wir auch endlich unter. Unser gutes Stück kommt unter das Bett von Jutta und Franz. Hier liegt er für die nächsten 4 Wochen gut. Der Koffer von Franz und Jutta kommt tagsüber in unseren Alkoven. Die Nächte verbringt er auf dem Beifahrersitz. Das ist etwas umständlich, geht aber nicht anders.

Da das Wetter immer schlechter wird, will Rainer seine Regenjacke anziehen. Ich bin mir aber ganz sicher, dass ich keine Regenjacke ausgepackt habe. Nach kurzer Überlegung fällt mir aber ein wo sie ist – zuhause im Kleiderschrank. Aber hier in Neuseeland gibt es „Outdoorjacken" zu kaufen. Schließlich habe ich für mich extra keine mitgenommen, weil ich mir hier eine kaufen will. Jetzt müssen wir eben zwei kaufen.

Am späten Nachmittag fahren wir nochmals los. Wir brauchen noch ein paar Kleinigkeiten vom Supermarkt – u.a. Kleiderbügel (und jetzt auch mindestens eine Jacke). Kleiderbügel und eine Trainingshose für mich finden wir schnell. Jacken gibt es auch, aber Rainer gefällt keine. Dafür finden wir aber einen Stand mit Nudelaufläufen. Da wir inzwischen Hunger haben, essen wir hier zu Abend. Draußen wird das Wetter immer schlechter. In der Nacht haben wir einen richtigen Sturm! Na toll! Das Wetter kann also nur noch besser werden.

5. Tag Christchurch – Ashburton – Geraldine – Lake Tekapo   266 km

Christchurch an der Ostküste der Südinsel Neuseelands ist mit 350.000 Einwohnern die größte Stadt der Region Canterbury. Christchurch gilt als die „englischste" Stadt Neuseelands, wie man auch heute noch an der Architektur erkennen kann.

Das Wetter wird tatsächlich besser. Nach dem Sturm heute Nacht verziehen sich allmählich die Wolken und die Sonne kommt raus.
Wir fahren mit unserem Camper hinein nach Christchurch. Bald finden wir sogar einen Parkplatz. Auf dem Weg zu Fuß ins Stadtzentrum kommen wir zu einem Geschäft in dem es Jacken gibt, wie die von Rainer zuhause. Wir gehen hinein, Rainer probiert eine und sie passt. Er meint zwar, die wäre zu teuer, vor allem, da er daheim ja eine gute, teure Jacke hat und die hier nur für diesen Urlaub braucht. Sie kostet 120 NS$ (1 € = 1,55 NS$) aber ich kann ihn überreden. Irgendwie bin ich doch sehr erleichtert, dass er jetzt wieder eine Jacke besitzt.

Wir erreichen das Wahrzeichen Christchurch's, die Christchurch Cathedral im Herzen der Stadt. Von hier aus kann man mit alten Straßenbahnen eine Stadtbesichtigung unternehmen. Die Straßenbahnen halten an allen interessanten Plätzen, man kann aussteigen, sich alles anschauen und mit der nächsten weiterfahren. Ca. alle 15 Minuten kommt eine Bahn vorbei. Sie stammen alle aus den Jahren ab 1905. Sind also schon sehr betagt aber gepflegt und wunderschön. Wir genießen es, wie die Sehenswürdigkeiten der Stadt an uns vorbei gezogen werden und der Lenker der Bahn die Erklärungen dazu vorträgt. Aufraffen und aussteigen um etwas genauer anzuschauen, fällt uns schwer. Wir sind alle Vier viel zu müde. Irgendwie steckt uns noch der lange Flug bzw. die zwei langen Flüge in den Knochen. Nur am Botanischen Garten steigen wir aus. Hier bummeln wir ein Stückchen durch den großen Park mit den interessanten riesigen Bäumen und seinen schattigen Plätzchen an einem Bachlauf. Dann fahren wir mit der nächsten Straßenbahn wieder zurück Richtung Zentrum. Hier kaufen wir uns in einem kleinen Restaurant mit Stühlen mitten auf der Straße, direkt neben den Straßenbahngleisen eine Kleinigkeit zu Essen, bevor es wieder zurück zu unserem Camper geht.

Am späten Nachmittag kommen wir am Lake Tekapo an. Wir fahren, noch bevor wir uns um einen Campingplatz gekümmert haben, an den See.

Der **Lake Tekapo** ist mit einer Fläche von 82 km² der größte Binnensee der Region Canterbury. Er befindet sich auf einer Höhe von über 700 m über dem Meeresspiegel inmitten baumloser, tussockbewachsener Hänge und wird vom Godley River gespeist, dieser wiederum durch das Schmelzwasser der umliegenden Gletscher. Daher hat der Lake Tekapo sein milchigtrübes, türkisfarbenes Wasser.

Die Kirche „zum guten Hirten"

Auf einer kleinen Landzunge liegt malerisch die kleine Kirche „Zum guten Hirten". Wäre man alleine hier, könnte man sich einfach hinsetzen und diese Idylle auf sich wirken lassen. Doch leider sind natürlich an einem solchen Ort auch noch andere Touristen. Also bleibt es, wie immer bei den obligatorischen Fotos. Die Sonne steht bereits so tief, dass sie den See goldgelb färbt und durch die Scheiben der kleinen Kirche leuchtet.
Nach kurzer Suche finden wir direkt am See einen Campingplatz. Auf ihm werden wir von einer großen Schar Enten freudig begrüßt.

6. Tag Lake Tekapo – Lake Putaki – Mt. Cook –
         Omarama – Oamaru   318 km

Gerne wären Rainer und ich am frühen Morgen um den See herum gewandert (na ja, es müsste ja nicht gleich der ganze See sein). Doch leider, wir müssen weiter. Schon als ich mit etwas altem Brot an das Seeufer gehen will um die reichlich vorhandenen Enten zu füttern, werde ich von Franz aufgefordert ja nicht zu lange zu brauchen. Soweit muss ich aber gar nicht gehen, die Enten laufen direkt um unser Wohnmobil herum. Aber, egal wo sie sind, die Zeit um sie zu füttern nehme ich mir.

Lake Putaki

Wir fahren weiter. Unser nächster Halt ist am Lake Putaki. Er ist genau so schön wie der Lake Tekapo, nur nicht ganz so groß. Aber dafür wirken die Berge, die sich in ihm spiegeln noch höher.
Einer davon, der Größte, ist der Mt. Cook (3.764 m). Hier am See finden wir auch ein Visitorcenter in dem wir uns nach Rundflügen zum Mt. Cook erkundigen. Die freundliche Dame meint, wenn wir diese Straße weiterfahren, kommen wir direkt zum kleinen Flugplatz

wo wir zwischen Hubschrauber und Flugzeug und verschiedenen Routen wählen können. Es dauert nicht lange, da sind wir auch schon am Flughafen. Die netten Mädchen in der Verkaufshalle erklären uns geduldig alle möglichen Routen und Preise. Wir entscheiden uns für einen Hubschrauberflug um 285 $ pro Person. Das ist nicht der teuerste, aber auch nicht der billigste. Er dauert ca. 30 Minuten.

Das Wetter meint es heute sehr gut mit uns! Strahlend blauer Himmel, kein Wölkchen lässt sich sehen. Doch plötzlich will Jutta nicht mehr fliegen. Ihr ist der Flug zu teuer und außerdem will sie nicht hier, sondern am Franz-Josef-Gletscher fliegen. Sie benimmt sich wie ein kleines Kind! Rainer und ich würden ja auch alleine fliegen, aber für einen Flug müssen wir zu viert sein, sonst startet der Hubschrauber nicht! Was machen wir jetzt? Rainer schaut mich nur an. Ich kenne diesen Blick – er bedeutet: „halt die Klappe, sag ja nichts (oder so ähnlich)!" Ich beiße mir auf die Zunge und bleibe stumm. Schließlich stehen wir erst am Anfang unserer Reise. (Wir haben noch 27 Tage)! Zum Glück spricht Franz endlich ein Machtwort. Dann geht es los.

Außer Franz ist noch keiner von uns in einem Hubschrauber geflogen. Wir müssen alle Kopfhörer aufsetzen. Über die bekommen wir die Erklärungen unseres Piloten. Dann geht es los. Ich habe es mir irgendwie „heftiger" vorgestellt. Der Pilot fliegt sehr magenschonend. Die Aussicht ist einfach gigantisch und ihr Geld wert. Mitten auf einem kleinen Gletscher landet unser Pilot und wir können kurz aussteigen und uns umsehen. Nicht weit von uns sehen wir einen kleinen, fast zugefrorenen, smaragdgrünen See. Dann geht es weiter. Manchmal fliegt der Pilot ganz nahe an eine steil aufragende Felswand zu und zieht dann die Maschine hoch, oder er fliegt so knapp über einen Berggipfel, dass wir kurz die Luft anhalten. Aber alles in allem ist dieser Flug traumhaft und leider viel zu schnell vorbei.

Nach einer kurzen Kaffeepause in der wir uns viel über den gerade erlebten Flug zu erzählen haben, geht es weiter.

Der **Mount Cook** (Aoraki) ist mit seinen 3.754 m der höchste Berg Neuseelands. Er liegt in den Neuseeländischen Alpen auf der Südinsel im Mackenzie-Distrikt der Region Canterbury. Er ist nach dem britischen Entdecker James Cook benannt. Durch einen Erdrutsch im Jahre 1991, als Eis- und Geröllmassen von seinem Gipfel ins Tal rutschten, verlor er ca. 10 m von seiner ursprünglichen Höhe. 1948 bestieg der spätere neuseeländische Nationalheld Edmund

Hillary den Mt. Cook (Erstbesteigung war aber schon im Jahre 1894 durch 3 Neuseeländer).

Im Mt.Cook Nationalpark stehen eng beieinander 140 Berge über 2000 m und zudem findet man hier fünf der größten Gletscher Neuseelands. Außerdem soll es hier Keas, die Clowns unter den Papageien geben und zudem auch noch seltene Falken- und Eulenarten."

Sir Edmund Hillary

Leider sehen wir keinen einzigen Kea, obwohl ich mich so auf sie gefreut hätte. Falken dagegen sehen wir genug. Allerdings kann ich nicht sagen ob es sich dabei um „seltene Falkenarten" handelt. Es sind eben einfach Falken (oder auch andere Raubvögel). Da wir nur tagsüber unterwegs sind, fallen „Eulenarten" sowieso flach. Wir fahren noch weiter hinein in den Nationalpark, fast bis zum Fuße des Mt. Cook. Hier stehen ein großes Hotel und davor eine lebensgroße Bronzeskulptur für Sir Edmund Hillary.

Nachdem wir den herrlichen Blick hinter ins Tal bis zum Mt. Cook ausgiebig genossen haben, drehen wir um, fahren zurück und weiter bis nach Oamaru. Hier suchen wir uns heute einen Campingplatz.
An der Küste von Oamaru kann man abends die kleinen blauen Pinguine ganz aus der Nähe beobachten. Wir wollen aber sowieso morgen Abend den Gelbaugenpinguinen bei Dunedin zusehen, also lassen wir das heute. Auch gut! Ich habe heute große Wäsche. Meine Haare sind auch jeden zweiten Tag fällig und der ist heute. Zum Glück sind die Duschen direkt neben dem Raum mit den Waschmaschinen und Wäschetrocknern. Während ich mit Duschen, Haarewaschen, Föhnen, Wäsche in die Waschmaschine schlichten und dann umsortieren in den Wäschetrockner, beschäftigt bin, vertreiben sich die Männer die Zeit im Fernsehraum Hier steht auch ein Computer. Franz verschickt eine E-Mail und Rainer genießt es endlich einmal wieder Fernzuschauen. Jutta sitzt inzwischen im Wohnmobil und schreibt an ihrem Reisebericht – das tut sie jeden Abend. Nachdem meine Haare trocken sind, die Wäsche aber noch nicht, gehe ich zusammen mit Rainer, der mich in der Waschküche besucht, auch in den Fernsehraum. Das Programm ist nicht gerade überwältigend. Da sehe ich auf der kleinen Couch im anderen Ende des Zimmers etwas über die Lehne huschen. Ich kann aber nicht feststellen, was es ist. Aber ich bin mir ganz sicher, dass da etwas ist. Nach ein paar Minuten sehe

ich etwas über den Boden huschen – diesmal unter die Heizung. Jetzt sieht es Rainer auch. Wir überlegen: ist das eine kleine Maus? Nein, so schnell sind Mäuse dann doch nicht! Wir tippen beide auf eine riesige Spinne! Ich glaube, ich habe sogar irgendwo etwas über riesige Spinnen, die es hier geben soll, gelesen. Mir reicht es – keine Minute bleibe ich mehr in diesem Raum.

Rainer und Franz gehen später noch mal nachschauen ob sie dieses Tier sehen, aber es ist verschwunden.

7. Tag Oamaru – Moeraki Boulders – Dunedin (Otago-Halbinsel) – Portobello   153 km

Jutta und Franz schlafen, wie schon gesagt, hinten im Wohnwagen. Direkt neben ihrem Bett steht der Kühlschrank. Da der in der Nacht laut brummt, wird er vor dem zu Bett gehen einfach ausgeschaltet. In der Hoffnung, dass unsere Lebensmittel bis zum Morgen auch so kühl bleiben. Doch, Obwohl die Nächte ziemlich kalt sind, sind heute morgen die Milch und die Sahne sauer und was schlimmer ist, das Fleisch „riecht" ziemlich unangenehm. Also wischt Jutta den Kühlschrank mit Essigwasser aus und wir werfen fast den ganzen Inhalt unseres Kühlschrankes weg. Ab jetzt bleibt der Kühlschrank über Nacht an.

Ca. 35 km südlich von Omaru liegen am Strand riesige kugelrunde Felsen, die „Murmeln des Teufels" genannt werden. Leider regnet es ganz fein. Das Wort Regen ist schon übertrieben – es „spritzelt". Also bleibt Jutta (wie schon gesagt, sie hat immer Angst um ihre Frisur) im Wohnwagen. Rainer und Franz gehen hinunter zum Strand. Sie wollen diese „Schusser" aus nächster Nähe anschauen. Ich gehe ein Stück mit, bleibe aber lieber oben, im Wind- und Regenschatten eines Cafes. Ich will filmen und da kann ich zuviel Regen nicht brauchen.

die „Murmeln des Teufels"

Wir müssen dringend einkaufen. Deshalb suchen wir uns in Dunedin zu allererst einen Supermarkt. Zum Einparken unseres doch etwas sperrigen Gefährts brauchen wir immer etwas Zeit. Während sich die Männer redlich abmühen, kann ich zusehen, wie ein Mann in irgendeiner Uniform ein geparktes Auto gekonnt mit einem Stahlhaken öffnet. Dann winkt er einen wartenden Abschleppwagen. Als wir vom Einkaufen zurückkommen, sehen wir alle, wie sich diese Szene bei einem anderen Wagen wiederholt.

Erst verstehen wir nicht, was da vor sich geht. Doch dann sehen wir das Schild: "Parkzeit 1 Stunde, dann wird Ihr Wagen abgeschleppt" –mein lieber Mann, die sind hier aber rigoros! Das werden wir sicher nicht riskieren. Doch momentan steht der Wagen hier noch gut. Die Männer wollen nur kurz in den Ort – sie müssen Geld tauschen und suchen daher eine Bankfiliale. Da Jutta im Wagen bleibt, werden wir aber sicher nicht abgeschleppt und ich kann schnell mitgehen.

Dunedin ist einwohnermäßig (118.650) die achtgrößte Stadt des Landes. Als Universitätsstadt beherbergt Dunedin bis zu 23.000 Studenten.

„Dun Edin" ist die alte schottische Bezeichnung für Edinburgh. Der Ort hat also schottische Wurzeln. Daran wird man auch erinnert, wenn man auf dem achteckigen Platz, dem Octagon steht. Hier findet man ein überlebensgroßes Denkmal für Robert Burns, den „begnadeten schottischen Dichter und Säufer". Robert Burns kennen wir schon aus Dumfries, seinem Geburtsort in Schottland. Hinter dem Denkmal geht es steile Treppen hoch zur neugotischen St.Paul's Anglican Cathedral aus dem Jahre 1915. Während die Männer eine Bank suchen, schaue ich mir die Kirche an.

In meinem Reiseführer steht, dass man hier in Dunedin eine Schokoladenfabrik besichtigen kann – die Cadbury-Schokoladenfabrik. Den Namen kenne ich. Wie wir feststellen, liegt die Fabrik gleich hier um die Ecke. Da wir sowieso einen anderen Parkplatz brauchen, fahren wir hinüber zur Fabrik und finden tatsächlich einen direkt neben dem Eingang. Wir gehen hinein und melden uns zur nächsten Führung an. Die ist erst in gut 1 Stunde. Da wir die Zeit überbrücken müssen, wollen wir nochmals ins Stadtzentrum gehen.

Beim Bummel durch die Innenstadt entdeckt Rainer eine Boutique in der es „die" Jacke für mich gibt. Schwarz (ich liebe schwarz) – und sie passt genau. Also nehmen wir sie (180 $).
Jetzt wird es Zeit für die Führung durch die Schokoladenfabrik (15 $). Wir stellen uns in die Warteschlange. Ohne unser Zutun geraten wir aber anscheinend in die falsche Führung – also wieder zurück und nochmals warten bis unsere Tour dran ist. Zum Trost bekommen wir gefüllte Schokoriegel. Leider schmecken die aber so scheußlich, dass nicht einmal Franz, der sonst keiner Süßigkeit widerstehen kann, sie mag. Als wir endlich an der Reihe sind, bekommen wir noch mal solche Riegel. Die lassen wir aber gleich liegen. Zuerst sehen wir uns einen Film über die Herstellung von Schokolade an. Dann müssen wir dünne, weiße Hauben aufsetzen (schließlich besichtigen wir eine Lebensmittelfabrik). Die Barträger, also auch Rainer, müssen sogar ihre Bärte verhüllen – das sieht vielleicht aus! Dann geht es los. Natürlich dürfen wir auch unsere Foto- und Filmkameras nicht mitnehmen. Wir könnten schließlich spionieren! Es weiß ja sonst keiner, wie man Schokolade macht. Wir gehen auf und ab in der

Fabrik. Hin und wieder sehen wir momentan gerade nicht arbeitende Maschinen hinter dicken Plexiglasscheiben. Die Dame, die uns führt, versucht die Stimmung mit einfachen Frage- und Antwortspielchen aufzulockern – wenn jemand etwas richtig beantwortet, bekommt er die bekannten Schokoriegel (oder ähnliche). Wir antworten vorsichtshalber nicht. Der Geruch nach warmer Schokolade in diesen Hallen ist unerträglich. Mir wird richtig übel. Ich muss dringend auf die Toilette. Wenig erbaut zeigt mir unsere Führerin wo die ist. Es kann sein, dass ich in der kurzen Zeit, in der ich an der Führung nicht teilgenommen habe, etwas Wichtiges verpasst habe, aber ich habe kein einziges Fitzelchen von Schokolade auf einem Förderband oder ähnlichem gesehen. Wir vier sind richtig froh, als die Führung endlich vorbei ist. Auf das Angebot günstig in dem integrierten Shop einzukaufen, verzichten wir – nichts wie raus an die frische Luft. Noch Tage nach diesem Besuch darf ich nicht an Schokolade denken, sonst wird mir schlecht.

Fazit: Insgesamt 60 $ für uns vier zum Fenster hinaus geworfen.

In Portobello, unserem Ziel für heute, kann man das einzige Schloss Neuseelands besichtigen - Larnach Castle. Das wollen wir aber nicht – wir kennen Schlösser zur Genüge! Man kann auch Königsalbatrosse (in den Monaten, in denen sie brüten), Seehunde, Seelöwen und vor allem Gelbaugenpinguine beobachten. Genau wegen diesen Gelbaugenpinguinen haben wir es etwas eilig einen

Campingplatz zu finden. Die Pinguine verbringen, wenn sie nicht gerade brüten, ihre Tage draußen auf dem Meer und kommen nur bei Dämmerung an Land um sich in aller Ruhe einen Schlafplatz für die Nacht zu suchen. Wir müssen also rechtzeitig vor Sonnenuntergang dort, wo sie immer an Land gehen, sein. Sonnenuntergang ist um ca. 18.00 Uhr. Wir schaffen es, wenn auch knapp, einen passenden Campingplatz zu finden. Wir schauen uns den Stellplatz nur kurz an, dann drehen wir mit unserem Camper um und fahren wieder los. Rainer und Franz fragen den Platzwart noch schnell wo denn nun der Strand mit den Pinguinen ist – und da verwechselt dieser Mensch (der Platzwart) doch tatsächlich die Seiten! Er schickt uns nach links. Wir fahren und fahren, bergauf und bergab, immer in Nähe des Strandes. Es wird allmählich dunkel als wir einsehen müssen, dass wir hier falsch sind. Wir fahren zurück, parken unser Wohnmobil und gehen nach rechts hinunter zum einzigen hier vorhandenen Restaurant. Direkt neben dem Restaurant (es ist bereits total dunkel) entdecken wir dann den Wegweiser zu den Pinguinen. Schade!

Lebende Pinguine haben wir auf unserer ganzen Reise nicht zu Gesicht bekommen, aber, leider, einen toten. Überfahren neben der Straße. Da sehe ich auch die einzigen zwei Kiwis. Trotz der überall aufgestellten Verkehrsschilder, die um Vorsicht, vor allem bei Dämmerung und in der Nacht bitten. Pinguine gehen eben bei Dämmerung an Land und Kiwis sind nachtaktiv. Alle paar Meter liegen Kadaver auf der

Straße. Vor allem Opossums werden gnadenlos überfahren. Sie sind anscheinend in Neuseeland wirklich eine Plage. Sie wurden zur Pelzzucht von den ersten Einwanderern mitgebracht. Ein paar davon sind natürlich irgendwann ausgekommen. Da sie hier, im Land wo von Natur aus nur Vögel zuhause sind, keine Feinde haben, haben sie sich ungehindert vermehrt. Jetzt sind sie die größten Feinde der Kiwis (wenn ich Kiwi schreibe, meine ich die Vögel – nicht die Früchte) und der anderen flugunfähigen Vögel, wie z.B. den Takahe. Das die Neuseeländer nicht bremsen, wenn sie ein Opossum auf der Straße sehen, kann ich fast verstehen – fast.

8. Tag Portobello - Dunedin – Taiaroa Head –
Te Anau   332 km

Als absolut sehenswert eingestuft gilt die einzige kontinentale Königsalbatroskolonie der Welt auf der Dunedin vorgelagerten Nordspitze der Otago-Halbinsel, genannt **Taiaroa Head**.

Leider wird jetzt, im Herbst natürlich nicht mehr gebrütet und da Albatrosse ihr ganzes Leben draußen über dem Meer verbringen und eben nur zum Brüten an Land kommen, gibt es außer einigen Fotos im „Visitorcenter" von diesen großen Vögeln nichts zu sehen. An der schroff zum Meer abfallenden Felswand sitzen allerdings „Spotted Shags" (wie auch immer die in Deutsch heißen). Sie erinnern mich sehr an unsere

Kormorane, ihr Gefieder ist allerdings eher hellgrau. Es sieht aus, als würden sie brüten – kann das sein, hier ist doch Herbst?

Da mich der deutsche Name dieser Vögel aber doch interessiert hat, habe ich später, wieder daheim im Internet (Wikipedia) recherchiert und so erfahren, dass diese „Spotted Shags" tatsächlich Kormorane sind. Allerdings eine graugefleckte Unterart, die es nur hier in Neuseeland gibt. Na bitte, so abwegig war meine Vermutung gar nicht.

Unten, auf den Felsen im Meer, liegen ein paar Seelöwen in der Sonne. Ich vermute zumindest, dass es Seelöwen sind, denn für Seehunde sind sie, meiner Meinung nach, zu groß. Allerdings, sehr viel Erfahrung mit der Größe von Seehunden bzw. Seelöwen konnte ich bisher nicht machen.

Wenn man kurz vor der Ortseinfahrt nach Te Anau links abbiegt, kommt man nach **Manapouri** am gleichnamigen See. Und wenn man diese Straße weiterfährt, erreicht man nach knapp 100 m ein Freigehege mit den seltensten, noch lebenden Vögeln Neuseelands – den Takahe, ein großes, mutiges Kerlchen.

Diesen Takahe muss ich natürlich, wenn irgend möglich sehen. Es ist möglich. Unser Campingplatz liegt am Lake Te Anau. Wir können sogar zu Fuß hingehen. Später am Nachmittag wollen wir mit Franz und Jutta zur Glühwürmchenhöhle hier am See fahren. Bis dahin haben wir aber noch etwas Zeit, also machen Rainer und ich uns auf den Weg. Jutta und Franz bleiben im Wohnwagen. Da wir die nächsten

Wochen meist 24 Stunden am Tag zusammen verbringen werden, ist es für uns alle eine angenehme Abwechslung, wenn wir uns für kürzere Zeit trennen können.

Der Weg, direkt am See entlang, ist für sich gesehen, schon ein Erlebnis. Unser einziges Problem ist, dass wir nicht wissen, wie weit wir gehen müssen. Wir haben schließlich nur gut 1 Stunde Zeit. Daher können wir uns zumindest auf dem Hinweg nicht genug Zeit nehmen um alles in Ruhe zu bestaunen. Zum Glück ist der Weg aber doch nicht so lang. Nach 20 Minuten finden wir die Gehege mit den Takahe und etwas kleineren, nicht so seltenen schwarzen Vögeln mit roten Schnäbeln (keine Ahnung wie die heißen). Der Takahe ist etwas größer als ein Huhn, flugunfähig wie die meisten größeren Vögel Neuseelands und sieht mit seinem blauschwarzen Gefieder und den stabilen Beinen für uns sehr ungewöhnlich aus.
Für den Rückweg am See entlang können wir uns jetzt etwas mehr Zeit lassen. Wir sehen sehr viele Pilze, vor allem Fliegenpilze. Die sehen genau so aus wie bei uns daheim. Aber die Gerüche – hier riecht es ganz intensiv nach Wald, aber irgendwie doch ganz anders als bei uns.
Wir sind rechtzeitig zurück und machen uns jetzt zusammen mit Jutta und Franz auf den Weg zu dem Boot das uns zur Glühwürmchenhöhle bringen soll. Es eilt nicht, wir haben reichlich Zeit.

Die Fahrt über den Lake Te Anau dauert 45 Minuten. Mit uns wollen sich die Glühwürmchenhöhle noch viele andere Touristen ansehen (47 $). Es sind auch wieder viele Japaner unter den Mitreisenden. Einige der Frauen benehmen sich (in unseren Augen) reichlich seltsam. Es ist, als hätten sie Angst vor jedem Sonnenstrahl. Sie tragen für unsere Begriffe reichlich ungewöhnliche Kopfbedeckungen, dicke Jacken und haben Handschuhe an. (Wir sitzen in unseren T-Shirts da, haben allerdings Jacken dabei). Außerdem halten sie sich Tücher vor das Gesicht, oder verbergen es unter der tief ins Gesicht gezogenen Kapuze. Wir vermuten es liegt daran, dass sie Angst vor dem Ozonloch über Neuseeland haben. Auch wir sind natürlich vorsichtig. Wir tragen immer, auch wenn sich die Sonne hinter einem Wolkenschleier verbirgt, Sonnencreme mit dem Lichtschutzfaktor +30 – einem „Muss" in Neuseeland. Außerdem gehen wir davon aus, dass in den 4 Wochen, die wir hier im Lande sein werden, die Schädigung durch das Ozonloch nicht so groß sein kann. Für die Bewohner Neuseelands, vor allem für die Kinder, ist dieses Ozonloch schon bedrohlicher. Aber das wissen die Neuseeländer natürlich und schützen sich so gut es geht.

Die Glühwürmchenhöhle liegt auf einer Insel. Dort angekommen, wird uns erst einmal ein Video über die Höhle gezeigt. Die „Glühwürmchen" sind kleine, durchsichtige Würmchen, die im Dunkeln leuchten um ihre Opfer (Insekten) anzulocken. Ein hungriges Glühwürmchen leuchtet übrigens bläulich. Auch diese Weisheit stammt aus diesem Film.
Nach dem Video werden wir in zwei Gruppen aufgeteilt. In der einen Gruppe sind die ganzen

Asiaten, in der anderen wir. Unsere Gruppe (12 Leute) kommt als erste dran. Wir gehen hinter unserer Führerin her in die beleuchtete Höhle. Sie ist zum Teil so niedrig, dass wir nur gebückt vorwärts kommen (Höhlenforscher wäre kein Beruf für mich). Wir überqueren auf einer Brücke einen kristallklaren Bach mit starker Strömung. Der ist wohl für die Entstehung dieser Höhe verantwortlich. Dann steigen wir in ein sehr flaches Boot. Es erinnert mich an eine alte Zinkbadewanne (nur viel größer). In der Mitte des Bootes steht eine breite Bank. Hier können 6 Leute nebeneinander sitzen, die anderen sitzen Rücken an Rücken mit uns. Das Boot hat keinen Motor. Unsere Begleiterin zieht es an einem Tau, das an der Höhlendecke befestigt ist. Nach kurzer Fahrt steigen wir wieder aus. Wir überqueren zu Fuß über einen Steg einen tosenden Wasserfall. Die enge Höhle verstärkt dieses Tosen. Man kann sein eigenes Wort nicht mehr verstehen. Dann müssen wir in ein zweites, baugleiches Boot umsteigen. Kaum sitzen wir, geht das Licht aus – und da sind sie, überall über uns leuchten zigtausende Glühwürmchen. Es sieht aus wie ein Sternenhimmel – wunderschön. Wir sitzen nur noch da und staunen – keiner spricht mehr. Einige der Würmchen scheinen Hunger zu haben. Unsere Führerin zieht das Boot immer weiter in die Höhle hinein und dabei leuchtet es stets über uns. Irgendwann dreht sie dann leider um. Wir fahren zurück. Dann geht das Licht wieder an. Es geht den gleichen Weg zurück, den wir gekommen sind. Franz stößt sich beim gebückten Gehen durch die flachen Gänge den Kopf. Er hat noch lange danach einen

„Brummschädel". Natürlich dürfen wir in dieser Höhle weder fotografieren noch filmen. Sonst kauft doch keiner die angebotenen Ansichtskarten! Nachdem uns unsere Führerin verlassen hat, geht daher Rainer mit noch einigen anderen zurück in die Höhe um wenigstens im Eingangsbereich noch ein paar Meter zu filmen. Doch leider wurde das Licht ausgeschaltet. Er kann nur aus der Höhle heraus einige schöne Aufnahmen machen.

9. Tag Te Anau – Milford Sound – Manapouri Lake
255 km

Der **Milford Sound** ist ein Fjord auf der Südinsel. Er ist 15 km lang und die Touristenattraktion des Fiordland-Nationalparks im Südwesten der Insel und gehört zum Weltnaturerbe der UNESCO. Er entstand durch die Gletscherbewegungen während der Eiszeiten. Er mündet in der Tasmanischen See und wird von bis zu 1.200 m hohen Felswänden eingerahmt. Der höchste Berg an seinen Ufern ist der Mitre Peak (Bischofshut) mit 1.692 m. Der Milford Sound gehört mit 8.000 mm Niederschlag zu den regenreichsten Gebieten der Erde.

Heute müssen wir sehr früh aufstehen. Wir wollen heute zum Milford Sound. Der Milford Sound ist **das Reiseziel** aller Touristen. Jeder muss hierher. Daher ist es dort so überlaufen, dass man vor lauter Touristen, die in Schiffen, Flugzeugen, Hubschraubern und Paddelbooten diesen traumhaft schönen Fjord erkunden, von der Gegend nicht mehr allzu viel sieht.

Wir wollen also, wenn möglich, bei den ersten sein die dort ankommen und so noch etwas von der unberührten Natur zu erleben.

Es führt nur eine Straße zum Milford Sound. Auch hier, direkt neben der Straße gibt es schon Einiges zu sehen. Leider dürfen wir nicht viel Zeit vertrödeln. Aber hin und wieder machen wir trotzdem einen kurzen Fotostopp. So z.B. an einem großen See der so glatt und ruhig daliegt, dass sich in seinem klaren Wasser die umliegenden Berge und Bäume spiegeln. Das müssen wir natürlich fotografieren.

Kurz vor unserem Ziel müssen wir durch einen Tunnel. Dieser Tunnel ist nur einspurig ausgebaut. Für die Verkehrsregelung sorgt eine Ampel. Wir haben Glück, sie steht für uns auf grün. Dann ist es wirklich nicht mehr weit. Wir müssen uns nur noch einen Parkplatz suchen und schauen, wo es zu den Schiffen geht. Der

Weg dahin führt uns über schön angelegte Fußwege durch Regenwald. In ihm sehen wir unsere ersten Farnbäume. Diese Farne sehen fast aus wie schöne, sehr filigrane Palmen und sind auch fast so hoch. Ich habe gedacht, diese Farne wachsen nur auf der Nordinsel. Jetzt bin ich angenehm überrascht. Dieses „Fern" ist die Nationalpflanze Neuseelands. Man begegnet ihr (als zum Teil aufgerolltes Blatt) auf fast allem was einen Bezug zu Neuseeland hat.

Doch wir müssen weiter. Bald haben wir die Schiffe und ihre vorgelagerten Verkaufsräume erreicht. Es gibt Schiffe in allen möglichen Größen, von mittelgroß bis riesig. Wir haben uns für die „Red Boat Cruises"

entschieden. Die Schiffe dieser Linie sind mittelgroß. Das ist uns lieber als die riesigen Pötte des Unternehmens „Real-Journey" zu denen die Touristen aus der näheren und weiteren Umgebung mit Bussen „gekarrt" werden.

Obwohl der Milford Sound zu den regenreichsten Gebieten der Erde gehören soll scheint auch heute wieder die Sonne und es ist fast kein Wölkchen am Himmel zu sehen. Was haben wir für ein Glück mit dem Wetter – wenn Engel reisen! Es ist jetzt 10.00 Uhr und es ist noch nicht viel los. Wir können bald an Bord gehen (49 $) und uns unseren Platz aussuchen. Zuerst suchen wir uns unter Deck ein warmes Plätzchen, denn es ist immer noch ziemlich frisch draußen. Wir bekommen gratis einen Kaffee und schauen uns erst einmal um. Lange hält es uns (Rainer und mich) natürlich nicht unter Deck. Wir müssen vor zum Bug, denn dort kann man spektakuläre Aufnahmen machen.

Aber auch das Heck bietet dem Fotografen bzw. Filmer einiges. Also pendeln wir immer hin und her. Es gibt aber auch viel zu sehen. Mal ist es ein Wasserfall, dann eine breite, schroff zum Wasser abfallende Felswand usw. Der Kapitän des Schiffes (ich vermute zumindest, dass er es ist), erklärt uns genau, was wir gerade vor uns sehen. Er versucht uns auch den Unterschied zwischen einem „Sound" und einem „Fjord" zu erläutern. Seine Erklärung endet mit dem Satz: „Der Milford Sound ist eigentlich ein Fjord". Weiter draußen kommen wir an einem Felsen vorbei auf dem sich Robben sonnen. Sie werden nicht im Geringsten gestört durch die lauten Motorengeräusche unseres Schiffs. Wahrscheinlich haben sie sich schon an Schiffe jeder Größe gewöhnt.

Irgendwo habe ich über den Milford Sound gelesen:

„….Robben, Pinguine, Delphine und Millionen blutdurstiger Sandflies bevölkern neben tausenden von Touristen den Milford Sound."

Robben haben wir gesehen, Pinguine und Delphine aber leider nicht. Dafür haben uns auch die Million blutdurstiger Sandflies verschont. Für diese Biester ist es wahrscheinlich nachts schon zu kalt.
 Nach ca. 2 Stunden sind wir wieder zurück im Hafen. Wir genehmigen uns noch einen Cappuccino im Besucherzentrum. Dann machen wir uns auf den Weg. Leider kommen wir diesmal nicht ohne Stopp durch den Tunnel.

Am Rückweg kommen wir nochmals am Lake Te Anau vorbei, fahren aber gleich weiter zum Manapouri Lake, gut 30 km westlich von Te Anau. Laut meinem Reiseführer ist das der schönste See des Landes. Dem kann ich nicht zustimmen. Zugegeben, der See ist wirklich schön, aber all die anderen Seen, die wir gesehen haben, sind auch schön, genau so schön. Ich könnte nicht sagen, welcher am schönsten ist.

Wir finden einem Campingplatz dessen Besitzer irgendwelche Beziehungen nach Österreich haben muss. Die Häuser sind eindeutig im „Alpenstil" erbaut. Die Beschriftungen der Toiletten usw. sind zum Teil in Deutsch und auf den Toiletten an den Wänden hängen Plakate mit Witzen, auch zum Teil in Deutsch.

Jutta und ich haben „große Wäsche". Jutta legt großen Wert auf weiße – blütenweiße Wäsche. Unsere Geschirrtücher hätten auch eine Wäsche notwendig. Daher meint Jutta: „Romy, die könntest Du doch mitwaschen!" Ist sie nicht lieb! Ich darf die dreckigen Handtücher waschen! Die Handtücher könnten ja evtl. auf die blütenweiße Unterwäsche abfärben! Bei meiner Wäsche macht das aber anscheinend nichts! Nein, ich sage nichts (noch 23 Tage).

10. Tag   Manapouri Lake – Queenstown   208 km

Wir sind richtige Frühaufsteher. Schließlich gehen wir auch schon sehr früh schlafen. Was sollen wir auch abends am Campingplatz groß unternehmen? Franz ist immer der erste. Er ist grundsätzlich schon um

21.00 Uhr müde (oder will einfach seine Ruhe) und geht schlafen. Rainer und ich lesen meist noch in unserem „Zimmer" bis ca. 22.30 Uhr. Wir machen unseren Vorhang zu, dann stört das Licht die anderen nicht. Außerdem können wir dann vor dem Einschlafen noch etwas kuscheln. Mehr ist zu viert in einem Wohnmobil, das schon leicht schwankt, wenn sich einer von uns vieren auch nur umdreht, sowieso nicht möglich. Aber, aus den Flitterwochen sind wir schließlich schon raus. Allerdings kann man sich leider nicht einmal unterhalten, ohne dass das die beiden anderen mitbekommen. Vor allem, da Jutta immer wieder stolz erzählt, wie gut sie (im Gegensatz zu mir) hört.

Auf unserem Weg nach Queenstown sehen wir auf freier Strecke plötzlich eine alte schwarze Dampfeisenbahn vor einem kleinen Bahnhof stehen.

Sie steht schon unter Dampf und scheint mit ihren 4 grünen Anhängern bald loszufahren. Zeit für einen außerplanmäßigen Stopp haben wir immer. Wir warten also, bis der alte Zug mit viel Getöse abfährt – dann geht's auch für uns wieder weiter. Unser Weg führt uns in die gleiche Richtung in die gerade der Zug gefahren ist. Bald sehen wir ihn wieder vor uns. Wir holen schnell auf, überholen ihn und lassen ihn dann hinter uns.

Queenstown ist trotz der für unsere Verhältnisse geringen Zahl von nur ca. 10.000 Einwohnern (Wintersaison 25.000 – 35.000) die Hauptstadt des Queenstown-Lake-Distrikts in der Region Otago. Sie liegt am Rande der Neuseeländischen Alpen und direkt am Lake Wakatipu. Queenstown ist das Zentrum für Abenteuertourismus. Skifahren, Jetboot-Fahren, Bungeespringen, Mountainbiking und Wandern sind die Hauptaktivitäten, die man von der Stadt aus unternehmen kann.

Der Lake Wakatipu

Queenstown liegt direkt am Lake Wakatipu. Der Ort zieht sich die umliegenden Hügel hoch. Hier suchen wir uns einen Campingplatz. Er liegt etwas oberhalb des Sees. Ich bin heute richtig froh, dass ich den Camper nicht fahren muss (das erste Mal seit Beginn unserer Reise), so steil sind die Straßen. Das ist kein Ort für mich! Es ist noch früh am Tag. Wir wollen noch einiges unternehmen. Zuerst fahren wir mit der Skyline Gondola hoch zum Bob's Peak (18 $). Von oben hat man einen herrlichen Blick auf den Ort. Hier ist einiges an sportlicher Freizeitbeschäftigung geboten. Man kann mit einem Gleitschirm starten und sich vom Wind hinunter treiben lassen. Es landet keiner im Lake Wakatipu, was mich am meisten wundert. Man kann, wenn man will, auch mit einem erfahrenen Gleitschirmflieger als Tandem starten. Eine Asphaltrodelbahn gibt es auch – und natürlich eine Bungeejumpinganlage. Bungeejumping ist in Neuseeland „in". Man springt hier direkt neben der Seilbahn von einer Plattform, direkt vorbei an einer schroff abfallenden Felswand hinunter. Unsere Männer stehen eher auf Jetboatfahren. Das ist natürlich hier oben auf dem Berg nicht möglich, doch man kann sich hier bei einem netten Mädchen erkundigen wo so etwas zu machen ist. Sie hat zwei Alternativen für unsere wagemutigen Männer:

1. auf dem Lake Wakatipu, oder
2. im Shotover Canyon.

Die Jetboatfahrt auf dem Lake Wakatipu ist Franz und Rainer zu langweilig. Außerdem haben Rainer und ich so etwas schon vor 20 Jahren auf dem Wolfgangsee gemacht (damals nannte sich das noch „Schnellboot", war aber genau so spektakulär, nur dass damals in den Booten nicht so viele Personen Platz hatten). Es bleibt also nur der Shotover Canyon. Das Mädchen erklärt uns wohin wir fahren müssen. Zuerst geht es jetzt also mit der Gondel wieder hinunter, wir steigen in unseren Camper und fahren in Richtung Arrow zum Shotover Canyon.

Dort angekommen, gehe ich alleine zurück zu einer Brücke über den Canyon. Schließlich bin ich für die filmische Dokumentation zuständig. Jutta begleitet die Männer. Sie soll dann, wenn sie weiß, in welches Boot Franz und Rainer steigen, zu mir kommen, damit ich das richtige Boot filmen kann. Von hier oben aus ist nicht mehr zu unterscheiden in welchem Boot unsere Zwei sitzen, vor allem, da alle die gleichen roten Schwimmwesten tragen. Aber leider kommt Jutta nicht zurück zu mir, wahrscheinlich muss sie Franz noch Mut zusprechen. Es muss also ohne sie gehen. Dann filme ich eben beide Boote. Ich habe schnell meine Kameraposition gefunden.

Leider dauert es fast eine Stunde, bis Rainer und Franz endlich unter mir und der Brücke in den Canyon hinein brausen (95 $). Aber es sieht schon sehr gewagt aus. Das Wasser spritzt in hohen Fontänen zur Seite und man hört die Leute im Boot vor Begeisterung kreischen. Ich bin voll zufrieden mit meinem Job als Kamerafrau. Mit Rainer tauschen möchte ich eigentlich nicht.

11. Tag Queenstown – Kawarau – Wanaka – Lake Hawea
– Haast Pass – Haast

265 km

Queenstown (und Umgebung) ist bekannt für seine spektakulären, gewagten Sportarten. Auf unserer Fahrt kommen wir heute in Kawarau vorbei. Hier ist die älteste fest installierte Bungyjumping-Anlage der Welt. Von einer alten Eisenbrücke springen auch heute noch zumeist junge Männer, aber auch Mädchen, 43 Meter in die Tiefe. Sie hängen kopfüber an einem Gummiseil und werden, sobald sie ausgependelt haben, unten im

Fluss in ein Schlauchboot gehievt. Dafür geben die auch noch eine Menge Geld aus. Mittlerweilen ist dieser Sprung mit seinen 43 m aber ein alter Hut. Man springt schon von viel höheren Brücken. Mittags halten wir am Lake Hawea. An diesem extrem langen See kann ich endlich wieder einmal Enten und Möwen füttern. Das Wetter wird im Laufe des Nachmittags immer schlechter. Als wir uns einen Campingplatz suchen, regnet es. Laut unserer Straßenkarte ist Haast ein kleines Nest. Campingplätze zum Aussuchen gibt es nicht. Hier in der Gegend ist nur ein einziger Campingplatz eingezeichnet. Den müssen wir, komme was wolle, also nehmen. Weiterfahren bringt nichts, auf den nächsten 50 Kilometer gibt es laut unseren Campingkarten keinen weiteren Campingplatz mehr. Die Gegend ist in trostlose graue Wolken getaucht, als wir auf dem zum Wetter passenden Campingplatz eintreffen.

Kaum haben die Männer unseren Camper abgestellt, werden sie auch schon von einem anderen Campinggast vereinnahmt. Dem scheint sehr langweilig zu sein. Was der alles wissen will: Wo sie denn herkommen, wie lange sie schon in Neuseeland sind usw. Wie sich herausstellt, ist er Farmer auf der Nordinsel und macht jetzt, zusammen mit seiner Frau, seit 10 Jahren das erste Mal für 2 Monate Urlaub. Seine Rinder werden in der Zeit von seinem Nachbarn mitversorgt. Er scheint überglücklich jemanden zum Reden gefunden zu haben. Franz meint: „wahrscheinlich hat er zuhause nur seine Rindviecher zum Reden!"

Wir haben beschlossen, dass ich, wenn wir nicht zum Essen gehen, koche. Das mache ich gerne, ich bin eine leidenschaftliche und wie mir oft gesagt wird, gute Köchin. Jutta weniger. Dafür putze ich nicht so gerne und spüle auch nicht gerne ab, was ihr wieder nichts ausmacht. Eine ideale Aufgabenteilung also. Leider erstreckt sich diese Teilung nicht aufs Einkaufen. Ich habe zwar gedacht, dass ich als Köchin sehr gut weiß, was ich zum Kochen brauche, Jutta und Franz sind da anderer Meinung. Sie haben immer Angst, dass wir zuviel einkaufen könnten. Dabei sind auch sie beide nicht gerade schlank. Es geht so weit, dass wir nur 400 Gramm Schnitzelfleisch (für 4 ausgewachsene Personen!) kaufen. Da muss ich ganz schön zaubern und die doppelte Menge Bratkartoffeln machen, damit wir, mein Augenmerk richtet sich dabei mehr auf Rainer und mich, satt werden. Ich bin es nicht gewohnt so kleine Mengen einzukaufen. Mir (uns) macht es nichts aus, wenn etwas übrig bleibt. Dann wird es eben am nächsten Tag gegessen. Bei Jutta muss aufgegessen werden. Da, wenn ich koche aber meist etwas übrig bleibt, haben wir ein Problem – bzw. spielen jeden Abend das gleiche Spielchen: Jutta fordert uns auf auch die letzten Reste aufzuessen. Ich weigere mich, Rainer reagiert überhaupt nicht. Er überhört Jutta einfach. Das kann er ausgezeichnet! Ihn geht so etwas grundsätzlich nichts an. Wer übrig bleibt ist natürlich Franz. Der arme Kerl würgt dann jeden Abend auch noch die letzten Reste in sich hinein! Damit ja nichts übrig bleibt, versucht Jutta so sparsam wie möglich einzukaufen. Leider geht das auf unsere

Kosten. Mittags gibt es sowieso nur eine Kleinigkeit. Aber einmal am Tag wollen Rainer und ich uns schon satt essen! Sparsam haushalten schön und gut. Das können Jutta und Franz machen wenn sie daheim sind, aber nicht im Urlaub. Wir, Rainer und ich, müssen uns doch nicht von Jutta vorschreiben lassen wie viel wir essen! Um Streitereien von vornherein aus dem Weg zu gehen und um unsere gemeinsame Haushaltskasse nicht über Gebühr zu belasten, denn darauf scheint es hinaus zu laufen, kaufen Rainer und ich daher alles, was wir für uns an kleinen Leckereien haben wollen, (Weintrauben, Käse, 3-Minuten-Suppen, Wurst, u.ä. und vor allem Muffins für mich) extra aus unserer eigenen Kasse. Es macht uns nichts aus, die paar Dollar hin oder her. Im Urlaub lassen wir uns von niemandem zum Sparen zwingen. Ich lade Jutta und Franz sogar oft zum Mitessen (z.B. von Weintrauben) ein, was gerne angenommen wird.

Heute gibt es Gulasch. Wir werden im nahen Aufenthaltsraum essen – da haben wir mehr Platz. Die Männer und Jutta tragen schon unser Geschirr und das Besteck und was wir sonst noch so brauchen hinüber. Hier beginnt jetzt der „Schwund" unserer Küchenutensilien. Jutta zerbricht ein Wasserglas. Wir haben nur 6 Stück davon und das ist schon eindeutig zu wenig! Es wird uns also fehlen. Zum Glück entdecke ich genau so ein Glas in der Gemeinschaftsküche. Ja, ich gebe es zu, ich habe das Glas einfach so mitgenommen! Leider haben wir aber, wie wir allerdings erst nach Tagen merken, dafür unseren größten Topfdeckel und unsere einzige

Suppenkelle liegen gelassen. Das kommt davon, wenn die eine kocht und die andere für den Abwasch zuständig ist. Jutta hat nicht gewusst, dass Deckel und Kelle auch zu unseren Küchenutensilien gehören. Seitdem schauen wir auf jedem Campingplatz in die Gemeinschaftsküchen, ob da nicht etwa ein passender Deckel bzw. eine Suppenkelle herumliegt. Schon seit einigen Tagen fehlt uns übrigens auch ein sechster kleiner Löffel. Wo der nur hingekommen ist? Unsere Küche leert sich bedrohlich!

12. Tag Haast – Fox Glacier – Franz Josef Glacier – Hokitika   295 km

Das Wetter ist noch nicht besser geworden. Der Farmer von gestern hat natürlich mitbekommen, dass wir fahren und muss uns unbedingt persönlich verabschieden. Es gibt überhaupt sonderbare Gäste hier. Ein Campinggast schlurft in seinen offenen Stiefeln ständig über den Hof. Er hat etwas von Quasi Modo. Gestern Abend ist uns eine Frau aufgefallen, die einen ausgesprochen scheußlichen, pinkfarbenen, wollenen Schlafanzug anhatte. In dem ist sie, als wäre dieser Aufzug das normalste von der Welt in den Aufenthaltsraum gekommen und hat sich mit anderen Gästen unterhalten. Den Ort, bzw. das Dorf Haast schauen wir uns nicht an. Wir wollen nur weiter.

Auf der Fahrt von Haast zum Fox- und Franz-Josefs-Gletscher regnet es in Strömen. Doch bald klart es wieder auf. Zumindest so weit, dass man die Gipfel der beiden Gletscher sehen kann. Für einen Flug wäre das Wetter allerdings zu schlecht. Gut, dass sich Jutta wenigstens dieses eine Mal nicht durchsetzen konnte. Aber es ist angenehm warm und die Sonne scheint, auch wenn noch einige größere Restwolken zwischen den Gletschern hängen. Unser erstes Ziel ist der Fox-Gletscher. Wir gehen an einem fast wasserlosen Flussbett entlang. Im Frühjahr, wenn der Schnee schmilzt, schaut es hier sicher ganz anders aus. Rechts und links von unserem Weg sind mehr oder weniger schroffe Felswände. Auch Hinweisschilder fehlen nicht auf denen vor Steinschlag gewarnt wird und man gebeten wird nicht stehen zu bleiben. Franz und Jutta haben es, wie immer, sehr eilig. Wahrscheinlich wollen sie uns aber nur für kurze Zeit loswerden (kann ich ja verstehen). Auch Rainer wäre ohne mich schneller. Ich sage ihm daher er soll ruhig vorgehen, ich werde mich schon nicht verlaufen. Wenn ich mit ihm Schritt halten will, kann ich nicht filmen bzw. fotografieren. Ich habe es noch nicht ganz bis zur Gletscherzunge geschafft, als mir Rainer schon wieder entgegen kommt. Ist mir auch recht.

Der **Fox-Gletscher** ist ein Gletscher im Westland-Nationalpark der Südinsel. Er wurde 1872 nach dem damaligen Premierminister William Fox benannt. Nach über 100 Jahren, in denen sich die Eismassen des Gletschers immer mehr zurückzogen, nimmt die Eismasse derzeit ca. 40 cm pro Tag wieder zu. Der Abfluss erfolgt über den Fox River ins Meer.

Den Gletscher kann man auch von da, wo ich stehe, sehr gut sehen. Sehr beeindruckend ist er jetzt im Herbst nicht mehr. Das interessanteste an dieser

Gletscherzunge ist die Höhle im Eis. Vor ein paar Jahren war eine Arbeitskollegin hier, da gab es diese Eishöhle auch schon. Sehr schnell schmilzt das Eis also nicht. Im Laufe des Sommers hat sich sehr viel Dreck und Geröll auf dem gesamten Gletscher abgelagert. Vom weißen Eis ist kaum mehr etwas zu sehen.

Auch der **Franz-Josef-Gletscher** ist ein Gletscher im Westland-Nationalpark der Südinsel. Er wurde 1865 vom Deutschen Entdecker J.v.Haast nach Franz-Josef I. von Österreich benannt. Auch sein Eis kommt aus den Neuseeländischen Alpen. Seine Abflüsse erreichen über den Waiho River die Tasmanische See.

Unser nächstes Ziel ist der Franz-Josef-Gletscher. Auch hier wieder das gleiche Spiel. Jutta und Franz rasen ihrem Ziel, dem Gletscher entgegen, ohne einen Blick zuviel auf die schöne Landschaft rundherum. Rainer geht zwar langsamer, aber, da ich filmen will, hängt auch er mich, wie immer, ab. An einem Geröllfeld, an dem ich gerade filme, kommt er mir allerdings schon wieder entgegen (viel zu früh – er kann noch gar nicht am Gletscher gewesen sein). Er meint, es ist ihm zu doof immer geradeaus durch dieses ewig lange, eintönige Geröllfeld zu marschieren. Er geht lieber mit mir zurück. Ich habe (schließlich nehme ich mir Zeit für so etwas), einen Wegweiser gesehen, laut dem führt ein Weg hinauf auf einen Hügel und bietet angeblich einen „phantastischen Ausblick auf den Gletscher"! Das klingt doch gut. Ich zeige Rainer, wo der Weg beginnt. Bergauf! Das ist nicht meine Stärke. Rainer weiß das. Er geht also alleine.

Doch hier unten habe ich schon alles gesehen – ich gehe ihm also (etwas langsamer) nach. Ich komme schneller voran, als ich gedacht habe. Rainer ist noch nicht lange auf seinem „Aussichtsberg", da komme ich auch schon um die Ecke – was ihn doch ziemlich überrascht. Die Aussicht ist übrigens den Anstieg wert. Einfach toll! Als wir zum Franz-Josef-Gletscher hinüberschauen, bricht gerade ein großes Stück der auch hier schmutziggrauen Eiszunge ab. Darunter kommt das jahrtausende alte Gletschereis zum Vorschein – es leuchtet kurze Zeit smaragdgrün, bald kann man aber die Bruchstelle nicht mehr vom restlichen Eis und Geröll unterscheiden. Hier oben gibt es auch Schautafeln, auf denen man alles Wissenswerte über den Gletscher erfahren kann. So wird u.a. auf Schautafeln und mit alten Fotos demonstriert, dass der Gletscher seit einigen Jahren wieder wächst. Als wir alles gefilmt und fotografiert haben, machen wir uns an den „Abstieg". Hinunter kann ich durchaus mit Rainer Schritt halten.

Der Franz-Josef-Gletscher

Abends sind wir in Hokitika. Heute gehen wir wieder einmal zum Essen. Wir gehen oft essen – d.h. wenn wir abends in einem Ort sind in dem es ein Restaurant gibt, was nicht immer der Fall ist. Wenn wir zum Essen gehen, sind wir immer wieder überrascht wie gut, und mit wie viel Mut zu für uns ungewöhnlichen Beilagen, hier gekocht wird. Bei uns daheim wird z.B. Spargel zelebriert. Hier wird er, weil er farblich so gut dazu passt, zu Kürbis, Tomaten, Kartoffeln, Bohnen usw. (eben von jeder Farbe etwas) als Beilage zu Kalbsfilet mit Knoblauch und dunkel angebratener Zwiebel gereicht. Evtl. gibt es dazu noch Rotweinsauce. Aber ich muss zugeben, es schmeckt. Auch „vegetarische Nudeln italienischer Art" haben mich überrascht. Es gab Nudeln mit Parmesankäse in Tomatensoße (nicht ungewöhnlich) doch es war auch noch Fetakäse unter die Nudeln gemengt und das alles war abgeschmeckt mit reichlich Balsamicoessig – aber, wie gesagt, man kann es essen.

13. Tag Hokitika – Punakaiki (Pancakes) –
Carters Beach – Cape Foulwind   165 km

Das Städtchen **Hokitika** an der Westküste der neuseeländischen Südinsel hat derzeit ca. 3.500 Einwohner und liegt etwa 40 km südlich von Greymouth nahe der Mündung des Hokitika River. Einer der wichtigsten Wirtschaftszweige ist die Verarbeitung von Greenstone (Pounamu), eine Art Jade (allerdings viel härter).

Hokitika ist das Zentrum der Jadeschnitzereien. Das weiß ich aus meinen Reiseführern und natürlich habe ich mir das gemerkt, denn selbstverständlich will ich einen dieser Jadeanhänger. Eigentlich ist es gar keine Jade, was hier verarbeitet wird, die Einheimischen nennen den Stein „Greenstone" (125$). Aber er sieht fast aus wie Jade, ist aber bedeutend härter und dadurch auch sehr viel schwerer zu verarbeiten. So ähnliche Schmuckstücke wie aus „Greenstone" werden auch aus Knochen (ich vermute Walknochen) hergestellt. Auch die sind sehr schön – und bedeutend billiger(15 $). Außer Werkstätten in denen man bei der Bearbeitung von Greenstone zuschauen kann und einigen Geschäften in denen man die fertigen Schmuckstücke kaufen kann, bietet Hokitika Touristen nicht viel.

Ein paar Häuser links und rechts der Straße – fertig. Ach, ja, diesen Turm (siehe Foto) mit Uhr inmitten der einzigen Kreuzung gibt es natürlich auch noch.

Heute besichtigen wir die Pancakerocks bei Punakaiki im Paparoa Nationalpark. „Pfannkuchenfelsen" – ein reichlich ungewöhnlicher Name für eine Felsformation.

Doch er trifft zu. Die steilen Felsklippen direkt in oder an der Brandung des Pazifiks, die mit voller Wucht und weißen Gischtkronen an den Felsen hochschlägt, hat, zusammen mit dem starken Wind die Felsen zu bizarren Gebilden geformt. Die wirklich wie übereinander gestapelte Pfannkuchen ausschauen. An manchen Stellen drücken die Brandungswellen in den Felsen in einer Art Kamin hoch und spritzen oben, als Fontäne hoch über die Felsen hinaus. An einer anderen Stelle ist das spritzende Wasser so fein, dass es aussieht wie Nebel.

Unser nächster Stopp ist die Robbenkolonie in Carters Beach. Wie überall pilgern natürlich mit uns einige Reisende zu den Robbenfelsen. Zum Glück ist der Beobachtungspunkt oben an einer steilen Felswand und die Felsen auf denen sich die Robben sonnen sind unerreichbar weit unten, direkt in der Meeresbrandung. Zuerst sieht man die Robben fast nicht – sie sind farblich von den Felsen kaum zu unterscheiden. Aber, haben sich die Augen erst einmal daran gewöhnt, entdeckt man immer mehr Tiere. Sogar kleine Robbenbabys sind dabei.

In Cape Foulwind bleiben wir heute über Nacht. Den Campingplatz sehen wir schon, als wir in Richtung Carters Beach fahren. Das erspart uns auf dem Rückweg die Sucherei.

Heute koche ich. Da ich mich beim Einkaufen durchgesetzt habe und nicht nur die zwei Halskoteletts für Franz und Jutta kaufen durfte, sondern auch noch zwei magere Koteletts für Rainer und mich, haben wir heute genug zum Essen. Warum nur meint Jutta immer sie muss darauf achten, dass ich ja nicht zu viel einkaufe. Unangenehm für mich ist vor allem, dass sie nie selbst etwas sagt, sondern sich immer hinter Franz versteckt, der natürlich immer ihrer Meinung sein muss. Mein lieber Mann dagegen hält sich stets vornehm zurück, vor allem weil er weiß, dass ich mich alleine durchsetzen kann und keine Hilfe brauche. Das allerdings wissen Jutta und Franz wiederum nicht und halten Rainers Zurückhaltung für Zustimmung. Aber ganz egal, dieses Theater beim Einkaufen mache ich nicht mehr mit! Ab dem nächsten Einkauf streike ich! Sollen doch die zwei alleine einkaufen!
Na, jedenfalls heute Abend koche ich. Es gibt gebratene Koteletts und dazu Kartoffelsalat (da müssen wir nichts kaufen, Kartoffeln haben wir noch) und Buttergemüse. Das Buttergemüse (0,75 $) kann ich nur unter Protest von Franz und Jutta in den

Einkaufswagen legen (daran habe ich mich aber schon gewöhnt). Dazu gibt es gemischten Salat. Gegen den haben die beiden zum Glück nichts. Es gibt also heute für die beschränkten Möglichkeiten in unserem Camper das reinste Menü.

Als ich endlich alles fertig gekocht habe und draußen serviere, meint Jutta: „das Fleisch schmeckt aber gut!" Sonst nichts. Franz nickt zustimmend. Rainer schaut mich wieder einmal mit diesem Blick „sei ruhig – sag ja nichts" an. In mir hat sich in den letzten Tagen schon einiges aufgestaut, aber noch kann ich mich beherrschen und schmeiße nicht mit Salat oder Buttergemüse um mich. Noch 14 Tage! Später, als ich mich wieder etwas beruhigt habe, muss ich mir aber eingestehen, dass ich Jutta auch noch nie gelobt habe, und sie dafür bewundere wie schön sie abspült und wie sauber sie putzt!

14. Tag Cape Foulwind – Westport – Inangahua – Motueka – Kaiteriteri   245 km

Immer, wenn es in der in der Nacht sternenklar ist – und das ist es häufig, ist es zum Glück auch am nächsten Tag wolkenlos und sonnig, aber dafür wird es nachts kalt. Richtig kalt. Leider haben wir keine zusätzlichen Decken. Ich helfe mir, so gut es geht, mit einem großen Badetuch, das ich für solche Fälle von daheim mitgebracht habe. Obwohl es, wie gesagt, nachts sehr kalt wird, müssen wir zumindest einen Teil unsere Fenster leicht öffnen um für Luftzirkulation zu sorgen. Trotzdem sind am Morgen die Fenster immer beschlagen und klatschnass.

In Inangahua gibt es eine Hängebrücke über einen Canyon. So eine Brücke ist uns natürlich einen Stopp wert. Da müssen wir hinüber (5 $). Die Fußgängerbrücke schwankt ganz schön als wir vier sie betreten. Filmen ist bei so einer Wackelei fast nicht möglich. Als wir drüben sind, schauen

wir einige Zeit den anderen Leuten zu, wie sie sich auf der Brücke bewegen. Einige scheinen richtig Angst zu haben. Den Rückweg könnte man auch bequemer – und schneller zurücklegen. Man muss dazu einen kleinen Hügel hinauf gehen. Dort oben wird man sitzend in einer Art primitiver Gondel festgeschnallt, die dann alleine durch den Höhenunterschied, hängend an einem Drahtseil, über den Canyon fährt. Die Gondel wird dabei ziemlich schnell. Drüben angekommen erhält man dann eine CD mit der aufgenommenen Fahrt. Na ja, ich weiß nicht, in einem Karussell hat man den gleichen Nervenkitzel – aber preiswerter. Wir gehen lieber zu Fuß. Rainer und ich machen uns als Erste auf den Rückweg. Jutta und Franz wollen noch kurz bleiben. Aber wir müssen warten bis die Brücke frei ist, denn bei „Gegenverkehr" brauchen wir gar nicht loszugehen. Man kommt auf der Brücke nicht aneinander vorbei. Da man hier aber sehr höflich ist, gibt es keine Probleme. Es wird immer nur in eine Richtung gegangen. Das funktioniert, bis Jutta und Franz zurück wollen. Sie sehen zwar, dass bereits Menschen auf der Brücke sind und ihnen entgegen kommen, gehen aber trotzdem los. Es kommt nur zu keinem Stau, weil die anderen umdrehen.

Wir fahren weiter. Als es Mittag wird suchen wir uns ein Plätzchen für eine kurze Rast. Rainer fährt und ich sitze neben ihm. Wir fahren immer am Meerufer entlang, aber einen Parkplatz oder eine Seitenstraße an der wir unseren Camper abstellen können, finden wir nicht, bis plötzlich dieser sagenhafte Baum am Straßenrand auftaucht.
Da hier sicher die meisten Touristen anhalten wollen, hat man vorsorglich Parkbuchten gebaut und Tische und Bänke aufgestellt. Na bitte, passt doch! Rainer geht extra auf die andere Straßenseite um den Baum auch ja ganz aufs Foto zu bekommen. Inzwischen schaue ich ihn mir näher an. Es ist ein Nadelbaum, auch wenn mich das bei seiner Form überrascht. Seine kurzen, dünnen Nadeln liegen schuppenförmig

neben- und übereinander. Es fällt mir keine Art ein, mit der ich diesen Baum vergleichen könnte.

Aber in seinem Schatten können wir herrlich sitzen und eine Kleinigkeit essen. Nur Jutta und Franz haben für die Schönheit des Baumes keinen Blick. Jutta weht der Wind zu stark. Sie will, dass Franz ihr den Wohnwagen als Windschutz näher an den Baum heran fährt, was dieser aber, auch wenn er wollte, nicht kann, denn der Camper kommt nicht über die hohe Bordsteinkante. Da der Camper nicht zu ihr kommt, geht Jutta dann eben zum Camper und stellt sich dort windgeschützt hin.

In Motueka liegt am Ufer ein verrostetes altes Schiffswrack. Dieses Schiff hat angeblich den ersten Schuss für die neuseeländische Armee im 1. Weltkrieg abgegeben. Das hat es jetzt davon! Neuseeland hatte im 1. Weltkrieg große Verluste. Es hat Seite an Seite mit Großbritannien gekämpft. Bis die Neuseeländer sich überlegt haben, dass sie eigentlich das Kriegsgeschehen gar nichts angeht. Diese Einstellung haben die Neuseeländer beibehalten. Bis heute interessiert es sie kaum was irgendwo auf der Welt passiert. Weltpolitik bzw. Weltgeschehen sucht man in neuseeländischen Zeitungen fast vergebens.

In Kaiteriteri werden wir heute bleiben. Wir stellen unseren Wohnwagen auf einem riesigen Campingplatz ab und machen noch einen ausgiebigen Strandspaziergang mit anschließender Capuccino-Pause.

15.	Kaiteriteri – Takaka (Abel Tasman Park) –
Tag	Upper Moutere – Nelson 285 km

Auch nach einer sehr kalten Nacht wie heute, müssen wir raus – es nutzt nichts, wir müssen hinüber in die Dusch- und Waschräume. Als Jutta und ich mit der morgendlichen Toilette fertig sind und wieder ins Freie in die schon etwas wärmende Sonne treten, kommt uns eine Frau entgegen und fragt uns, ob wir nicht evtl. ein Buch oder eine Illustrierte in Deutsch hätten, die wir nicht mehr brauchen. Sie ist mit ihrem Mann schon seit 8 Wochen unterwegs und hat noch 6 Wochen vor sich – und nichts mehr zu lesen. Ich kann sie gut verstehen – uns geht auch schon der Lesestoff aus. In den meisten Campingplätzen die wir bisher angefahren haben, liegen zwar Zeitschriften und Taschenbücher die man mitnehmen kann, herum, die meisten davon sind aber in Englisch. Ich habe mir trotzdem einen von diesen „Herz- Schmerz-Romanen" mitgenommen. Auf Deutsch mache ich immer einen großen Bogen um diese Art der Lektüre – aber in Englisch, ich kann es ja zumindest einmal versuchen. Es ist immer noch besser als gar nichts zum Lesen. Franz liest gerade einen alten „Jerry Cotten", in Deutsch, den er auch in einem der letzten Campingplätze gefunden hat. Wenn Franz mit dem Buch fertig ist, bekommt es Rainer. Der wartet schon darauf. Die vier PM-Zeitschriften, die wir dabei haben, haben Rainer, Franz und ich schon gelesen. Nur Jutta ist mit den Zeitschriften noch nicht durch, denn sie liest ständig im Reiseführer um uns sagen zu können, was wir uns am nächsten Tag unbedingt anschauen müssen. Das wissen wir zwar längst (wie gesagt, Rainer und ich haben die Reiseführer schon lange durch und können sie fast auswendig) und die Tour für den nächsten Tag haben die Männer gemütlich beim Paffen einer Zigarre vor unserem Camper auch schon lange ausgearbeitet. Aber ich schweife ab. Ich war ja gerade bei der Frau vor den Waschräumen. Wir müssen der Frau also leider eine Absage erteilen. Doch so kommen wir mit ihr ins Gespräch. Sie ist in der anderen Richtung unterwegs (erst die Nordinsel, dann die Südinsel). So kann sie uns nützliche Tipps geben. Vor allem kann sie uns einen Campingplatz mit eigenem Thermalschwimmbad in Awakeri empfehlen. Jutta schreibt sich vorsichtshalber den Ortsnamen auf.

„Deutsch-lutherische Auswanderer, darunter auch einige Familien aus dem schlesischen Sarau haben die Siedlung Upper Moutere gegründet. Ihre Geschichte bezeugen deutschsprachige Grabsteine."

So ähnlich steht es in einem unserer Reiseführer. Diesen Satz habe ich mir, (und noch einige andere) extra im Reiseführer angestrichen. Schon gestern Abend in unserem Alkoven habe ich Rainer daran erinnert. Upper Moutere ist so klein und unbedeutend, dass ich nicht davon ausgehe, dass er unbedingt in der Reiseplanung von Rainer (und Franz) vorkommt. Aber, da Rainers Mutter aus Sarau stammt, müssen wir uns natürlich diesen Friedhof anschauen. Vielleicht entdecken wir ja den Namen des einen oder anderen Verwandten. Ansonsten halte ich mich lieber an den Spruch: „viele Köche verderben den Brei" und halte mich bei der Planung der Route für den nächsten Tag zurück. Das schaffen unsere Männer auch alleine.

Wir finden (wie immer) ohne Umweg nach Upper Moutere. Die alten Grabsteine werden gehegt und gepflegt. Das liegt wahrscheinlich daran, dass

Neuseeland keine älteren historischen Bauten o. ä. zu bieten hat. Die Geschichte beginnt erst mit den Einwanderungen so gegen 1840. Da die deutschen Emigranten, aus Hamburg und vor allem eben Sarau, bereits 1842 hier in der Nähe an Land gingen, zählen die alten Grabsteine mit zu dem Ältesten, was Neuseeland zu bieten hat. Aber, ganz ehrlich – wir hätten uns den Abstecher sparen können!

Übrigens, auch die Maori sind Einwanderer. Sie kamen allerdings schon um 300 Jahre vor den ersten Weißen.

Am Anfang unserer Reise habe ich auf den umliegenden grünen Hügeln, aus alter Gewohnheit, nach Resten alter Burgen oder anderer alter Bauten gesucht. Aber woher sollten die kommen? Auf den grünen Hügeln und den saftigen grünen Weiden davor sind nur unzählige Schafe zu sehen. Dazwischen gibt es auch noch Weideflächen für Rinder und Wapitis. Manchmal stehen auch Rinder, Pferde und Schafe auf einem Weideplatz zusammen. Sogar Exoten, wie Lamas bzw. Alpakas kann man sehen und hin und wieder sogar einen Esel.

Wir müssen heute so weit wie möglich fahren, denn morgen wollen wir gleich am frühen Morgen mit der Fähre von Picton nach Wellington auf die Nordinsel übersetzen. Leider finden wir in den Prospekten, die wir von den diversen Campingplatzgesellschaften haben, keinen Campingplatz hier in der Gegend. Das kann doch nicht wahr sein. Also schauen wir am Straßenrand ob wir nicht einen Wegweiser oder irgendein Hinweisschild finden. Endlich, da ist ein Wegweiser zu einem Campingplatz in ca. 5 km. Wir fahren in die angegebene Richtung. Wir fahren und fahren. Die Gegend wird immer einsamer, die Straße immer enger. Die 5 km sind längst vorbei. Na ja, das wird wohl nichts mehr. Sobald die Straße es zulässt, wollen wir umdrehen. Genau dort steht aber wieder ein Hinweisschild auf dem es heißt, dass der Campingplatz jetzt nur noch 2 km entfernt ist. Also fahren wir weiter. Endlich finden wir die Einfahrt. Dann geht es, vorbei an einem Haus, auf dem groß und deutlich steht, dass man sich hier anmelden soll, vorbei und hinunter auf den Campingplatz. Er ist fast leer. Außer unserem stehen nur noch zwei weitere Wohnwägen hier (Kunststück bei der Anfahrt). Es gibt aber alles was wir brauchen. Toiletten, Duschen und sogar eine Gemeinschaftsküche und einen (sehr primitiven) Fernsehraum mit Satelliten-Fernsehen. Die Männer parken unseren Wagen ein wo es ihnen gefällt und wo die passenden Anschlüsse sind. Ja, und dann müssen sie zu Fuß wieder hinaufgehen und uns anmelden. Die nette Dame in der Anmeldung fragt sie als erstes, ob sie die Herren mit dem großen Wohnmobil sind, das hier an ihr vorbei gefahren ist. Dann hilft sie ihnen aber noch bei der Anmeldung für die Fähre morgen. Jetzt wissen wir wann wir morgen in Picton sein müssen. Früh, sehr früh! Um 6.30 Uhr ist Wecken. Auf dem Weg zu den Duschen schauen wir noch kurz in der Küche vorbei. Wir sind immer noch auf der Suche nach einen Topfdeckel und einer Suppenkelle. Leider, nichts zu finden. Einen einsamen,

angeschlagenen Teller mit Blumenmuster finden wir.
Aber den können wir nicht brauchen.

Wir sind hier weit ab von jeder Zivilisation. Daher ist es
nachts extrem dunkel und strahlen die Sterne
besonders hell. Es ist phantastisch! Ich kann mich gar
nicht satt sehen an dem Gefunkel und Geflimmer über
uns. Nur das Kreuz des Südens enttäuscht mich
etwas. Ich habe es mir strahlender und heller
vorgestellt. Doch es liegt direkt in der Mitte der
Milchstraße und die ist so hell und leuchtend, dass
einzelne Sterne gar nicht mehr richtig zur Geltung
kommen.

16. Tag Nelson – Blenheim – Picton – Wellington –
          Upper Hutt   95 km

Das Frühstück fällt heute sehr spärlich aus. Ich habe
schon am Abend vorher ein paar Brote hergerichtet.
Dazu gibt es Tee. Vorbei an Weinbergen fahren wir
auf fast leeren Straßen nach Picton zu unserer Fähre.
Wir reihen uns in eine lange Warteschlange ein und
haben jetzt viel Zeit. Doch dann geht es endlich los.
Wir fahren auf das Schiff, parken unseren Camper
zwischen riesigen Lastern und gehen dann hoch in die
Aufenthaltsräume. Die Überfahrt kostet uns 135 $ pro
Person. Dieser Preis beinhaltet aber anteilig unseren
Camper.
Auf der Fähre können wir zwischen den
verschiedensten Aufenthaltsräumen unter Deck bzw.
draußen im Freien am Bug bzw. Heck wählen. Die

Passagierdecks erstrecken sich über 2 Etagen. Wir (d.h. natürlich Rainer und ich) pendeln hin und her. Jutta muss wegen ihrer Frisur mit Franz natürlich unter Deck bleiben. Mit dem Wetter haben wir, wie immer, auch heute Glück. Die Sonne scheint und das Meer ist spiegelglatt. Zumindest so lange wir uns in dem Fjord vor Picton befinden. Als wir uns dem offenen Meer nähern, wird der Seegang bedeutend rauer. Jetzt können wir uns gut vorstellen, dass die Überfahrt bei schlechtem Wetter (und das ist hier angeblich die Regel), sehr unangenehm sein soll.

Schließlich ist die Passage hier berühmt/berüchtigt für die „Roaring Forties" (Brüllende, bzw. donnernde Vierziger). Diese Winde, die das ganze Jahr über zwischen dem 40° und 50° südlicher Breite aus westlicher Richtung wehen sorgen für meist unbeständiges Wetter, Regen und hohen Seegang (häufig bis zu Sturmstärke). Auch jetzt, bei gutem Wetter merken wir jede der hohen Wellen, durch die unser Schiff stampft. Wir sind hier eben auf keinem Touristenliner sondern auf einer Autofähre.
An Deck geht es ja noch, da bekommt man den Wellengang live mit und kann rechtzeitig reagieren wenn sich das Schiff mit den Wellen hebt und senkt. Aber unter Deck – essen möchte ich jetzt nichts. Das Gehen, vor allem wenn man sich nirgends festhalten kann, gestaltet sich ziemlich schwierig. Da wir (Rainer und ich) uns meistens draußen aufhalten, können wir eine Anzahl Delphine beobachten, die unser Schiff kurze Zeit begleiten. Nach 3 Stunden Fahrt legen wir in Wellington an.

Unsere Fähre

Wellington – die Hauptstadt Neuseelands, hat 450.000 Einwohner und ist nach Auckland die zweitgrößte Stadt des Landes. Wellington liegt an der Südspitze der Nordinsel. Dieser Tatsache (der Lage mittig zwischen Nord- und Südinsel ist es zu verdanken, dass Wellington und nicht Auckland Hauptstadt Neuseelands wurde.

In Wellington bieten uns unsere Männer eine erste Stadtführung (Rundfahrt) in unserem Camper. Sie suchen die Haltestelle der (Cable Car) Standseilbahn. Mit ihr wollen wir eigentlich hinauf auf den Mt. Victoria fahren. Von dort oben hat man angeblich den besten Blick über Stadt und Hafen. Da sie die Haltestelle aber nicht finden können, beschließen unsere Männer kurzerhand selbst mit unserem Camper auf den Mt. Victoria zu fahren. Schließlich haben wir bei unserer Suche schon ein gutes Stück in der richtigen Richtung geschafft. Tatsächlich, selbst mit unserem Wohnmobil schaffen wir die steilen Straßen und parken direkt neben der Haltestelle der Standseilbahn. Hier oben hat man einen tollen Blick über Wellington und den Hafen – vor allem, wenn wie jetzt, die Sonne vom Himmel lacht. Wir genießen die Aussicht.

Direkt unterhalb des Berges liegt ein riesiger Sportplatz unterteilt in Felder für die verschiedensten Sportarten. Hier wird natürlich auf mehreren Plätzen Rugby gespielt. Aber auch Fußballfelder sind da und auch hier wird gerade gespielt und dann gibt es noch ein großes Spielfeld für Kricket oder Krocket (wir wissen leider nicht was hiervon was ist und können daher auch nicht sagen, was da unten gespielt wird). Nachdem wir einige Zeit zugeschaut haben, gehen wir durch den wunderschön angelegten botanischen

Garten weiter bis zu einer Sternwarte. Jutta will unbedingt die Rosengärten der „Lady Norsewood" anschauen. Franz will das dann natürlich auch und Rainer schließt sich den beiden an. Da ich den Wegweiser dazu bereits vom Auto aus gesehen habe

(ganz unten am Fuß des Hügels), hält sich meine Begeisterung für Rosen in Grenzen. Ich schaue beim Autofahren eben aus dem Fenster und lese nicht! Daher lasse ich die Drei gerne alleine gehen und schaue mich noch einmal in aller Ruhe in den Räumen der Sternwarte um. Leider habe ich keine Zeit um eine Führung mitzumachen. Aber auch in den Ausstellungsräumen gibt es genug zu sehen. Vor allem kann ich mir nochmals ganz genau schauen wo das Kreuz des Südens am Sternenhimmel zu finden ist. Ich bin gerade mit meiner Tour durch die Sternwarte fertig, da kommen meine Drei schon wieder zurück. Das war aber ein kurzer Ausflug! Wie ich erfahre, war ihnen der Weg zu lang. Ach nein, - das habe ich ihnen aber vorher gesagt! Wir fahren also wieder den Berg hinunter und dann weiter.

Wir übernachten heute in Upper Hutt. Der Campingplatz hier ist sehr großzügig angelegt. Er liegt inmitten eines großen Parks. Hier gibt es riesige Bäume (ich habe aber keine Ahnung welche Sorte, was mich, das muss ich zugeben, wurmt) Immer wieder fällt mir auf, dass hier in Neuseeland Bäume, meist Laubbäume, in die Breite und Höhe wachsen dürfen, wie sie wollen. Es sind Bäume, wie ich sie mir als Kind zum herumklettern gewünscht hätte. Breite, ausladende Zweige bis nahe am Boden. Bei uns zuhause wäre schon längst die Stadtgärtnerei angerückt und hätte den Baum zurechtgestutzt.

Bereits vom Camper aus, auf der Suchen nach unserem nummerierten Stellplatz, sehe ich beim

Vorbeifahren am Boden mittelgroße bunte Vögel (etwa Amselgröße). Die interessieren mich natürlich. Kaum steht der Camper, gehe ich (mit Kamera) zurück zu dem Platz, wo mir die Vögel aufgefallen sind. Tatsächlich, ich finde sie wieder. Es sind Papageien – aber leider keine Keas. Dazu sind sie zu klein und auch viel zu bunt. Je länger ich ihnen zuschaue, um so mehr dieser bunten Vögel entdecke ich. Sie sind überall: Auf den Bäumen, in der Luft und direkt vor mir auf dem Boden. Einen Krach machen die! Leider sind sie nicht sehr daran interessiert von mir gefilmt zu werden. Sie sind zu flink – oder ich zu langsam.

Abends fahren wir mit unserem Camper in die Stadt zum Essen. Heute esse ich Hühnchen. Es schmeckt wie immer sehr gut. Bei unseren Restaurantbesuchen bestellen wir meistens Lamm, Hähnchen, Fisch oder Steak. Wir haben damit immer gute Erfahrungen gemacht.

17. Tag Upper Hutt – Napier   308 km

Napier, mit seinen 56.000 Einwohnern für Neuseeländische Verhältnisse eine Großstadt ist die Hauptstadt der Region Hawke's Bay. Zusammen mit der ca. 10 km weiter südlich gelegenen Stadt Hastings bildet sie den fünftgrößten Ballungsraum Neuseelands. Napier und Hastings werden oft als „Twin Cities" bezeichnet. Nachdem die Stadt im Jahre 1931 durch ein Erdbeben mit anschließendem Großfeuer fast vollständig zerstört wurde, wurde sie im Art-Déco-Stil wieder aufgebaut. Die Art-Déco-Häuser stehen mittlerweile unter Denkmalschutz.

Heute kommen wir bis Napier. Der Ort ist berühmt für seine Art Deco Häuser. Wir machen einen Bummel hinter den Häusern, am Strand entlang. Es gibt hier einen wunderschönen, langen Sandstrand. Doch leider ist es verboten im Meer zu baden. Überall stehen Warnschilder auf denen vor der Unterströmung gewarnt wird. Wir haben auch niemanden gesehen der es trotzdem versucht hätte. Auf dem Teerweg neben dem Sandstrand ist einiges los. Zurück gehen wir nicht mehr am Strand sondern die Hauptstraße entlang und bewundern die schönen Art-Déco-Häuser. Sie machen alle einen sehr gepflegten Eindruck. An einer Eisdiele herrscht reger Betrieb. Das Eis hier scheint besonders gut zu schmecken. Das müssen wir natürlich testen. Es stimmt! Mehr noch als das gute Eis überrascht uns aber, dass die Neuseeländer sogar eine einzelne Kugel Eis mit Kreditkarte bezahlen – bei uns undenkbar.

Unser Campingplatz liegt etwas außerhalb und ist daher leider zu weit von Napier entfernt um abends noch einen Bummel durch die Stadt machen zu können. Wir könnten zwar mit dem Camper zurück fahren, das ist uns aber zu umständlich. Aber wir vertreiben uns auch so die Zeit – wir spielen UNO in der Gemeinschaftsküche. Hier treffen wir auch einen anderen Gast – einen Neuseeländer. Wir kommen ins Gespräch. Doch eine flüssige Unterhaltung wird das, zumindest von unserer Seite aus leider nicht. Zu groß sind unsere Probleme den Mann zu verstehen. Neuseeländisch – eine ziemlich „vernuschelte" Art von Englisch, zumindest bei ihm. Natürlich machen wir uns auch heute wieder auf die Suche nach einem Deckel für unseren Topf. Hier liegt aber überhaupt nichts herum – nicht der kleinste Deckel ist zu finden.

18. Tag Napier – Taupo   143 km

Heute sind wir nur relativ kurz unterwegs. Schon am frühen Nachmittag kommen wir am Lake Taupo an. Recht viel weiter soll es heute nicht mehr gehen. Wir haben also genügend Zeit. Wir machen einen Spaziergang am Ufer des Lake Taupo entlang. In der Ferne kann man schon den Mt. Ruapehu sehen. Er hüllt sich, obwohl natürlich die Sonne scheint, leicht in Wolken. Heute darf er das ruhig noch. Erst morgen wollen wir ihn besuchen. Man merkt hier überall, dass wir uns auf vulkanisch aktivem Boden befinden. Am Lake Taupo, der mit ganz normalem kalten Wasser gefüllt ist, treten überall am Ufer schwefelhaltige warme Quellen zutage. Überall wo das heiße Wasser austritt, sieht man leichte, zarte Wölkchen entstehen. Ein leichter Geruch nach fauligen Eiern liegt in der Luft. Auf den großen Steinen am Ufer, an flachen Mulden, die sich mit dem warmen Wasser gefüllt haben, sitzen Leute, die ihre Beine ins Wasser hängen lassen. Natürlich müssen wir das nachmachen. Diesmal sind eindeutig unsere Männer mutiger als Jutta und ich. Aber nicht nur die Menschen genießen diese warmen Quellen, wir sehen sogar Spatzen die in warmen Pfützen baden. (Süß!)

Unser heutiger Campingplatz verfügt über ein eigenes Freibad. Da wir heute viel Zeit haben, können wir das so richtig genießen. Jutta ist kaum noch zu bremsen. Franz und sie ziehen sofort los. Auch Rainer und ich freuen uns schon darauf. Ich will nur noch schnell etwas aufräumen, dann habe auch ich Zeit.

Das Wasser ist angenehm warm. Kunststück, es wird aus heißen Quellen gespeist. Am Eingangsbereich, da wo das Becken am flachsten und dadurch auch für kleine Kinder geeignet ist, ist ein Sonnensegel gespannt. Alle neuseeländischen Bäder (zumindest soweit wir das beurteilen können) verfügen über solche Sonnensegel oder sind total überdacht. Leider muss das sein, wegen des Ozonlochs. Viele Kinder, vor allem die kleineren, tragen nicht mehr, wie bei uns üblich, Badehosen, nein sie haben ganze Anzüge, zum Teil sogar mit langen Ärmeln (fast wie Taucheranzüge) an.

19. Tag Taupo – Turangi (Tongariro Nationalpark) – Huka Falls – Rotorua 208 km

Der **Mt. Ruapehu** ist mit seinen 2.797 m der höchste Vulkan der Nordinsel von Neuseeland. Er befindet sich im Zentralplateau der Insel und gehört zum Tongariro-Nationalpark. Zu größeren Eruptionen kam es 1895, 1945, 1969, 1971, 1975 1988, 1995 und 1996. Die jüngste Eruption fand am 25. September 2007 statt. Am 24.12.1953 kam es zum schlimmsten Unglück, als eine Schlammlawine aus dem Kratersee eine Eisenbahnbrücke zum Einsturz brachte, die gerade ein Personenzug überqueren wollte. Am 18. März 2007 barst der Rand seines Vulkankratersees erneut und eine Flutwelle mit tausenden Tonnen Wasser und Schlamm stürzten aus 2.500 m ins Tal. Es kam kein Mensch zu schaden, lediglich ein Denkmal für die 151 Toten des Unglücks von 1953 wurde beschädigt.

Heute wollen wir, wenn möglich, einen Rundflug über die Vulkane Ruapehu (2797 m), Mt. Ngauruhoe (2291m) und Mt. Tongariro (1967m) unternehmen. Diesmal möchten wir in einem Kleinflugzeug fliegen.
Zuerst müssen wir dazu aber erst einmal einen Flugplatz finden. An der Straße sehen wir bald ein großes, buntes Schild das uns den Weg weist. Der Flugplatz – eine Wiese mit einer Holzhütte und einem Werbeplakat davor, ist auch schnell gefunden. Doch er scheint verlassen. Nirgends ist ein Mensch zu sehen, den wir nach Flugzeiten etc. fragen könnten. Nach kurzer Wartezeit geben wir auf. Wir fahren weiter nach Turangi. Hier im Fremdenverkehrsbüro frage ich die

Dame am Schalter nach Flugmöglichkeiten (bei solchen Gelegenheiten lässt man immer mir den Vortritt). Sie erklärt uns welche verschiedenen Flüge möglich sind. Einige starten in Taupo auf einem etwas größeren Flughafen und einer hier, auf dem verlassenen Flugfeld, das wir schon kennen. Den nehmen wir (170 $). Diesmal hat auch Jutta keine Einwände. Die Dame verständigt unseren Piloten über Telefon. In zwei Stunden kann er am Flugplatz sein. Das ist o.k. für uns. Wir machen einen kleinen Bummel durch Turangi und kaufen uns einen Capuccino. Jutta und ich sitzen im Cafe drinnen, die Männer draußen, denn drinnen herrscht, wie überall, Rauchverbot. Rainer und Franz wollen aber vor unserem Flug unbedingt noch eine von ihren dicken Zigarren genießen. Als es Zeit wird, fahren wir zurück zu dem uns bekannten Flugfeld. Es ist immer noch menschenleer, nur eine kleine Cessna steht jetzt einsam und verlassen neben dem Startfeld (bzw. der Startwiese). Wir hoffen, dass das nicht unser Flugzeug ist, denn dann hätten wir ein Platzproblem. Wir warten. Endlich hören wir ein Motorgeräusch in der Luft. Unsere Maschine kommt. Ein junger Mann, unser Pilot, steigt aus und begrüßt uns. Er will wissen, woher wir kommen und ob wir ihn verstehen. Ich erkläre ihm, dass unser Englisch gut genug ist seinen Anweisungen und Erklärungen zu folgen. Wie schon gesagt, solche Gespräche darf immer ich führen. Dann steigen wir ein. Franz sitzt vorne neben dem Piloten, Jutta und ich in der Mitte und Rainer hinten. Neben ihm ist noch ein Platz frei (allerdings höchstens noch für ein Kind). Es kann losgehen!

Zuerst fliegen wir in einem Bogen über den Lake Taupo. Dann geht es hinein ins Gebirge. Die Vulkane im Tongariro Nationalpark kommen immer näher. An den braunen Hängen der Vulkane wächst nichts. Sie

bestehen aus lockeren braunen Geröllmassen, Bimsstein und erkalteter Lava. Der „jüngste" der drei

Riesen, der Mt. Ngauruhoe, sieht genau so aus, wie man sich einen Vulkan vorstellt. Sein Kegel ist völlig ebenmäßig. Nur die Spitze fehlt. Ein Teil des Geröllfeldes am oberen Rand ist, warum auch immer, leuchtend rot. Der Mt. Ruapehu dagegen hat schneebedeckte Flanken und einen See aus schwefelsäurehaltigem Wasser. Dieser See hat bereits einmal, Weihnachten 1953, eine Katastrophe verursacht, als seine Ufer durch ein Erdbeben barsten und seine Schlamm- und Wassermassen eine Eisenbahnbrücke zum Einsturz brachten.
Zwischen Mt. Tongariro und Mt. Ngauruhoe liegen zwei kleine Seen. Das Wasser des einen, dem Emerald Lake ist smaragdgrün.
Das Wasser des anderen, dem Blue Lake hellblau. Beide liegen wie glitzernde Edelsteine zwischen den braunen Felsmassen der Vulkane. Auch heute haben wir wieder unwahrscheinliches Glück mit dem Wetter. Die Sicht ist so gut, dass man in der Ferne den Mt. Taranaki (2518m) im Emont Nationalpark sehen kann. Nach gut 1 Stunde Flugzeit landen wir leider schon wieder.

Unser nächster Stopp sind die Huka Falls im Wairakei Tourist Park. Hier stürzt sich der Waikato über eine 12 m hohe Felswand. Von unserem Parkplatz aus sind wir in kaum 5 Minuten am tosenden, schäumenden Wasserfall. Er ist wirklich sehenswert. Eine Unterhaltung ist allerdings bei dem Lärm den er macht, kaum möglich. An manchen Stellen sieht das schäumende Wasser aus wie Milch, an anderen kann man erkennen, wie rein und klar es ist. Es schimmert unter den weißen Schaumkronen bläulich bzw. grünlich.

Heute hätten wir die freie Auswahl an Campingplätzen. Jutta will einen Campingplatz mit Bad. Natürlich entscheidet sie wie immer für uns – wer auch sonst. Ihr macht es Spaß und uns ist es wirklich egal. Ein Campingplatz ist so gut wie der andere. Sie wählt einen kleinen Campingplatz mit nur 13 Stellplätzen. Wir bekommen den letzten. Der Campingplatz liegt romantisch direkt am Lake Rotorua.

Außerdem gibt es hier ein eigenes Schwefelbad. Ich finde das toll und ziehe, nachdem ich wieder einmal meine Wäsche zum Waschen gebracht habe, gleich meinen Badeanzug an. Ein Schwefelbad, so etwas ist mir neu, das muss ich unbedingt ausprobieren. Jutta ist nach kurzer Besichtigung nicht so begeistert. Ihr „stinkt" das Bad zu sehr und außerdem ärgert es sie, dass sie nicht, wie sie wollte, schwimmen kann. Wenn man schon unbedingt den Campingplatz aussuchen will, sollte man auch genau lesen, was da in den Campingplatzführern (in Englisch) steht! Manchmal erinnert sie mich an ein kleines Kind. Das Bad stinkt wirklich und bessere Tage hat das alte Badehäuschen sicher auch schon gesehen, aber der Pool scheint sauber. Rainer und ich genießen das warme Wasser. Franz bleibt natürlich bei seiner, wieder einmal schmollenden Ehefrau. An den Schwefelgeruch gewöhnt man sich allmählich. Auch daran, dass das Wasser „pissegelb" ist! Zu lange soll man allerdings nicht im Wasser bleiben, es ist einfach zu heiß und die Haare, vor allem gefärbte, sollen besser auch nicht mit dem Wasser in Berührung kommen (sonst werden sie wahrscheinlich grün oder so).

Nach dem Bad habe ich das dringende Bedürfnis nach einer Dusche unter klarem, sauberem Wasser. Ich gehe also immer noch im Badeanzug (der riecht genau wie ich) in die nahe Dusche und drehe das Wasser auf. Was soll ich sagen: das Wasser ist zwar glasklar, aber es riecht genauso wie das vorhin – eben nach Schwefel. Wir verzichten hier übrigens darauf unseren

Wassertank aufzufüllen, obwohl es dringend notwendig wäre. Kaffee mit dieser Schwefelnote – nein danke!

Heute ist, wie schon gesagt, Waschtag. Nach unserem Schwefelbad ist meine Wäsche auch fast fertig. Anscheinend habe ich etwas zuviel Waschpulver erwischt. Jedenfalls habe ich dort, wo das Waschwasser in einer offenen Rinne abläuft, große Schaumberge produziert. Hoffentlich wird die Wäsche trotzdem sauber! Sie wird.

Abends fahren wir in den nahen Ort zum Abendessen. Wir entscheiden uns für ein Lokal in dem uns eine waschechte Berlinerin bedient. Sie kann uns noch einige nützliche Tipps zum Essen in Neuseeland geben. So erklärt sie z.B. Rainer, dass er, auch wenn er Fisch isst, immer dazu sagen soll „durchgebraten", da er sonst evtl. leicht rohen Fisch bekommt. So schmeckt der den Leuten hier nämlich am Besten. Wir erzählen ihr, dass wir heute bei strahlendem Sonnenschein über die Vulkane in Tongariro Nationalpark geflogen sind. Sie wird ganz neidisch! Als sie vor 1 Woche geflogen ist, konnte man vor Nebel fast nichts sehen.

Als wir aus dem Restaurant auf die Straße treten, werden wir wieder von dem unangenehmen Schwefelgeruch empfangen. Für Frischluftfanatiker ist das hier nicht die richtige Gegend. Auch im Wohnwagen lassen wir die Fenster lieber geschlossen.

Rotorua ist übrigens das Las Vegas Neuseelands. Überall findet man Spielkasinos. Hier wird auch „asiatisches Glücksspiel" angeboten – was auch immer das sein mag. Was mich überrascht ist, dass weder Rainer noch Jutta (unsere Zocker) Lust haben eine dieser Spielhöllen zu besuchen.

20. Tag Rotorua – Waiotapu – Pohutu – Whakarewarewa – Awakeri   147 km

Wir sind jetzt im Thermalgebiet Neuseelands. Überall, in Parks und neben der Straße sieht man Dampfwolken aus Erdspalten hochsteigen.
Wir fahren heute früh als Erstes nach Wai-o-Tapu. Jutta will zum Lady Knox Geysir und der bricht pünktlich um 10.15 Uhr aus. Wenn Jutta irgendwo hin will, habe ich keine Chance zu einem Einwand. Ich habe zwar in meinen Reiseführern gelesen, dass dieser Geysir nicht besonders interessant ist, aber, wie gesagt, Jutta will ihn sehen - also nichts wie hin! Für den Geysir sind wir etwas zu früh dran. Wir schauen uns also zuerst etwas in der weitläufigen Anlage um (23$). Hier blubbert und brodelt es aus diversen Erdspalten. Der Lady Knox Geysir (für den dieser Eintrittspreis auch gilt), ist allerdings gar nicht hier auf dem eingezäunten Gelände. Franz wurde angeblich am Eingang gesagt, dass man von hier aus mit dem Bus zum Geysir gefahren wird. Aber mir sagt man wir müssen mit dem Auto den ausgeschilderten Weg zurück fahren. Ich bin mir absolut sicher, dass ich die Dame am Ticketschalter richtig verstanden habe. Als

es Zeit wird, machen Rainer und ich uns also auf den Weg zu unserem Camper, während Franz und Jutta auf ihren Bus warten. Dann fahren wir zu viert in unserem Wagen hinter den anderen Besuchern her. Nach 5 Minuten Fahrt kommen wir zu einem Parkplatz. Von dort aus ist man in wenigen Minuten am Ort des Geschehens. In unserem Reiseführer steht in etwa:

„Leider wird dieses Erlebnis dadurch getrübt, dass dieses „Naturschauspiel" künstlich ausgelöst wird indem man Waschmittel oder Seifenpulver in den Krater schüttet Das darin enthaltene Natriumkarbonat beeinflusst die Oberflächenspannung des unter dem Krater befindlichen und unter Druck stehenden heißen Thermalwassers."

Bevor es so weit ist, müssen wir uns aber zuerst noch einen Tribünenplatz sichern. Es ist unglaublich, wie viele Leute diesen einen Geysir sehen wollen. Wir wechseln mehrmals unseren Sitzplatz um auch ja einen optimalen Blick auf den ca. 1.50 m hohen Kalkkegel vor uns zu haben, denn immer wieder verstellt uns jemand die Aussicht. Pünktlich um 10.00 Uhr erscheint ein Mann mit einer Papiertüte. Er schüttet den Inhalt der Tüte in den oben offenen Kegel. Kurze Zeit später fängt es an aus dem Kegel leicht zu schäumen (so wie gestern bei meiner großen Wäsche). Der Mann erzählt, dass er Seife in den Geysir geschüttet hat, damit dieser auch pünktlich ausbricht. Er erzählt und erzählt und der Kegel neben ihm schäumt und blubbert Seifenblasen. Doch um

Der Lady Knox Geysir

kurz vor ……… und

während des „Ausbruchs"

10.15 Uhr meint der Mann es wird jetzt Zeit für ihn zu gehen, denn gleich ist es so weit. Tatsächlich, kaum ist er weg, sprüht aus dem Seifenschaumgeysir eine ein paar Meter hohe dünne Wasserfontäne heraus. Na, ja, ich habe mir das Schauspiel beeindruckender vorgestellt. Aber es genügt um die neben und vor uns sitzenden Japaner zu aktivieren. Alle wollen zusammen mit dem Geysir aufs Foto. Da ist es mit unserer freien Sicht wieder vorbei. Als wir merken, dass sich nichts mehr tut, die Fontäne wird nicht höher oder stärker, gehen wir zurück zu unserem Wagen. Jetzt können wir in aller Ruhe noch den Rest des Thermalgebietes von Wai-o-Tapu besichtigen. Es gibt hier noch einiges zu sehen. Wir kommen am Champagnerpool vorbei (der heißt so, weil er perlt wie Champagner), am Teufelsbad (das ist leuchtend grün), an den Silikat-Terrassen der Artist`s Palette (die sehen aus wie gefrorenes Wasser) und noch an einigen blubbernden und in allen Farben schillernden Tümpeln und Erdspalten vorbei. Leider ist zwar die Aussicht sehr beeindruckend, der Geruch aber weniger. Es stinkt entsetzlich nach faulen Eiern (Schwefel). Franz verträgt diesen Gestank gar nicht. Ihm wird übel, er muss sich übergeben.

Dann fahren wir weiter nach Whakarewarewa einem Maori-Dorf (22 $). Auch hier sind geothermische Felder. Wir sehen schon von weitem drei Geysire, die ihr heißes Wasser hoch in die Luft speien.

Ja, das sind Geysire! Hier muss niemand mit Seife nachhelfen! Auch hier sind es nicht nur die Geysire, die man besichtigen kann. Die ganze Gegend brodelt und blubbert.

Überall tritt heißer Dampf aus dem Boden (was Rainer natürlich testen muss – beinahe hätte er sich seine Hand verbrannt).

Man kann sich auf angenehm warme Steine setzen. Nach kurzer Rast werden sie einem aber zu heiß. Wir machen einen Rundgang durch das Gelände und von überall aus können wir die Geysire mit ihren Wasser- und Dampffontänen sehen. Da das hier Maori-Gebiet ist, gibt es natürlich auch alte, wunderschön geschnitzte Häuser und ein Kampfkanu zu sehen. Alles mit roter Farbe angemalt und verziert mit Fratzen die einem die Zunge herausstrecken. Maori selbst, wie wir sie aus der Werbung kennen (gut gebaute junge Männer) sucht man aber auch hier vergebens. Wenn wir wirklich einmal einen echten Maori sehen, dann ist der alt, ungepflegt und dick.

Rainer möchte in Rotorua noch gerne das ehemalige Badehaus von 1908 besichtigen. Es handelt sich dabei um einen herrlichen Fachwerkbau, der genauso auch bei uns in Deutschland stehen könnte. Wir schauen uns das ehemalige Badehaus zuerst von außen an, dann gehen wir

hinein. Hier kommen wir aber nur in die schöne, ganz aus Holz gefertigte Halle. Weiter dürfen wir nicht. Hier beginnt das Museum für Natur- und Kunstgeschichte. Darauf haben wir aber keine Lust.

Wir übernachten heute in Awakeri. Das ist der Ort, den uns die Dame (die mit den Büchern) empfohlen hat. Gut, dass sich Jutta den Ort aufgeschrieben hat. Wir können hier tatsächlich ein riesiges Schwimmbad benutzen. Das Wasser ist auch hier natürlich angenehm warm.

21. Tag Awakeri – Tauranga – Matamata – Whangamata   254 km

Nicht weit von Auckland inmitten der weiten, sanften, grünen Hügel bei **Matamata** liegt die Heimat der menschenscheuen Hobbits.

Von wegen nicht weit von Auckland! Wenn es nach meinem Reiseführer geht, ist Matamata ein Vorort von Auckland. Doch mit diesen Ungenauigkeiten muss man hier in einem Land, in dem es kaum größere Städte gibt, leben. Wie soll so ein Reiseberichtschreiber in einem Satz sagen, wo Matamata liegt. Na jedenfalls, wir haben es gefunden. Ein winziges Städtchen (eine Hauptstraße und davon abgehend ein paar Nebenstraßen, das ist alles). Sogar die „Touristinformation" haben wir gefunden. Sie ist ganz im Stil der „Herr der Ringe"-Filme aufgemacht. Das scheint auch das Einzige zu sein, was Matamata zu bieten hat – ein paar verlassene Requisiten aus diesen Filmen. Für 50 $ wird man mit einem Bus hingebracht. Wie wir gesehen haben ist der Bus voll mit Asiaten (Rainer nennt sie immer „hi, hi", weil sie das immer sagen, bzw. es das einzige ist, was wir verstehen).

Wohin dieser Bus genau fährt, ist nicht zu erfahren (sonst könnten wir ja alleine hinfahren). Jedenfalls fährt er hinaus vor das Städtchen in die wirklich wunderschöne, grüne Hügellandschaft. Hier kann man die „fast originalgetreu" wieder aufgebaute Wohnhöhle von Frodo, weitere Wohnhöhlen und eine kleine Brücke über einen Bach (über das Original ist Gandalf mit seinem Karren gefahren) besichtigen. Das ist alles. Das Filmteam hat nichts zurückgelassen. Alle Originalrequisiten wurden abgebaut. Was man zu sehen bekommt sind nur dem Original ähnelnde Bauten. Damit sich die Fahrt etwas in die Länge zieht, wird man noch auf eine Schaffarm gebracht. Hier darf man bei der Schafschur zuschauen.

Ich bin der einzige „Herr der Ringe"-Fan von uns Vieren. Außer mir hat also sowieso keiner ein Interesse an der Tour. Nachdem ich mir den Prospekt angeschaut habe, ist allerdings auch mein Interesse verraucht. Die sanften grünen Hügel haben wir schon bei der Herfahrt bewundert und den Rest muss ich nicht unbedingt sehen (für 50 $). Da kaufe ich mir lieber Badeschuhe, die brauche ich dringend. Ich stehe nämlich beim Duschen immer barfuss auf dem nassen Boden in den Duschkabinen, was bestimmt nicht sehr hygienisch ist.

In Whangamata finden wir einen Campingplatz der uns zusagt. Natürlich hat den wieder Jutta ausgesucht. Ohne sie geht da gar nichts. Sie freut sich schon auf den im Prospekt angegebenen Pool (Franz hat übersetzt). Leider ist das Wasser im Pool diesmal kalt – eiskalt (wir sind schließlich nicht mehr im geothermischen Gebiet, was Jutta nicht bedacht hat). Im Wasser schwimmen braune Blätter und der Pool sieht aus, als wäre er seit dem Sommer nicht mehr benutzt worden. Jutta hält dann auch nicht mehr als einen Finger ins kalte Wasser. Da das ihre Laune aber wieder schlagartig verschlechtert, machen Rainer und ich lieber einen kleinen Bummel in Richtung Ortschaft, brechen vor dem Ortskern aber ab. Es ist uns einfach zu weit.

Zurück in unseren Camper wollen wir lieber noch nicht. Es kann dauern, bis dort wieder bessere Stimmung herrscht. (Noch 12 Tage!) Wir schauen uns daher den Campingplatz genauer an, um zu sehen, was hier so geboten ist. Es ist wie immer – Gemeinschaftsküche, Duschen, Toiletten, Fernsehraum. Im Fernsehraum steht ein Schrank mit diversen Schüsseln, Töpfen und Pfannen und auch Deckeln. Deckel, gleich mehrere. Die nehme ich genau unter die Lupe – doch es passt leider keiner!
Eine Suppenkelle haben wir übrigens inzwischen gekauft und ein Teelöffel ist Rainer in dem Cafe in Whakarewarewa „zugelaufen". Wir brauchen also nur noch einen Deckel. Sicher hat irgendwer irgendwo in so einer Gemeinschaftsküche mal einen großen Topfdeckel vergessen – schließlich haben wir das doch auch! Nur finden müssen wir diesen Deckel noch. Nicht nur, dass wir ihn am Schluss unserer Reise abgeben müssen, er fehlt mir auch fast täglich beim Kochen.

22. Tag Whangamata – Hot Water Beach –
Coromandel   150 km

Hot Water Beach: „….Hier, direkt am Strand, und obwohl sich direkt daneben kühle Meerwasserwellen an Land brechen, treten heiße Quellen aus dem Erdinneren zu Tage. Bei Ebbe muss man nur eine Mulde in den Sand buddeln – schon ist sie fertig, die Badewanne.

Wir finden natürlich problemlos hin. Der Wohnwagen wird zur Umkleidekabine umfunktioniert. Dann kann es losgehen. Wir sind noch nicht weit am Strand gekommen, da sehen wir im feinen Sand, gerade noch leicht vom Wasser umspült, einen großen Tintenfisch liegen. Der arme bemüht sich vergebens wieder zurück in tieferes Wasser zu gelangen. Aber jedes Mal, wenn er auf seinen acht Armen versucht wieder in etwas tieferes Meerwasser zu kommen, wird er von einer Welle (die Flut setzt gerade ein) wieder zurückgeworfen. Außer uns sehen diesen armen Kerl natürlich auch andere Leute. Vor allem die Kinder sind begeistert: „Octopus, Octopus" hört man überall. Ein Mann versucht das Tier in einem Tuch zu fangen und weiter hinaus ins Meer zu tragen. Doch er kommt nicht weit. Der Tintenfisch wehrt sich und schlingt seine vielen Arme um den Arm des Mannes. Das ist dem natürlich nicht geheuer und er lässt den Tintenfisch fallen. Ein anderer Mann hat eine Schaufel dabei (damit will er sicher nachher ein Loch in den Sand buddeln). Doch jetzt hebt er mit dieser Schaufel erst einmal den Octopus vorsichtig hoch und trägt ihn weit hinaus zum tieferen Wasser.

Wir gehen weiter. Bald sehen wir auf einem vielleicht hundert Meter langen, total zerwühlten Strandabschnitt viele Menschen am Boden liegen bzw. gerade Löcher buddeln. Ich habe mir den Strandabschnitt viel größer vorgestellt. Um hier ein Plätzchen in der warmen Brühe zu bekommen, muss man über die anderen Leute drüber steigen. Mitten drin ist ein Platz, da will anscheinend keiner liegen. Als wir dorthin kommen, verstehen wir, warum – hier ist es zu heiß. Der Boden dampft und man muss aufpassen, dass man sich nicht die Fußsohlen verbrüht. Da es mir wirklich nichts abgibt in diesem ziemlich warm-feuchten Sand bzw. in dem abgestandenen warmen, unhygienischen Wasser zu liegen, in dem vor mir bereits jede Menge anderer Touristen herumlagen und Gott weiß was im Wasser/Sandgemisch hinterlassen haben, gehe ich lieber am Strand hinaus in Richtung Meer.

Der Strand ist sehr flach und man muss weit gehen, bevor einem das Wasser bis zu den Knöcheln reicht. Hier ist ein einziger Felsen. Er ist total überwachsen mit den „greenlipt mussels" (Muscheln mit grünem Rand), ein Exportschlager Neuseelands – vor allem nach Japan usw. Eine bereits geöffnete, abgestorbene Muschel kann ich leicht abnehmen, die muss natürlich mit. Unten am Boden, unter Wasser im Sand fast vergraben, kann man Seesterne sehen und große Krebse. Ich habe bisher immer gedacht die werden erst beim Kochen rot, aber die hier leben und sind auch rot! Vielleicht sind sie ja den heißen Quellen am Ufer zu nahe gekommen! Als Jutta sieht, dass ich draußen am Felsen stehe, kommt sie zu mir. Wir unterhalten uns über die Muscheln. Das hört ein Mädchen, das auch neben dem Felsen steht. Sie fragt in Englisch ob wir aus Deutschland sind. Da Jutta kein Englisch versteht, bemerkt sie das Mädchen gar nicht. Erst als ich mich mit dem Kind unterhalte, wird sie auch aufmerksam. Das Mädchen erzählt mir, dass ihre Mutter aus Deutschland kommt. Sie selbst kann nicht Deutsch, aber sie konnte am Tonfall hören, dass wir Deutsch sprechen. Eine Frau wird, als sie sieht, dass ich mit dem Mädchen spreche auf uns aufmerksam. Sie kommt auf uns zu. Das muss die Mutter sein. Ich sage in Deutsch zu ihr: „Ihre Tochter hat uns erzählt, dass sie aus Deutschland kommen!" Als sie antwortet, übernimmt Jutta sofort die Unterhaltung. Na, da bin ich ja jetzt überflüssig und kann mich wieder den Seesternen und den vielen interessanten kleinen Fische widmen. Abends erzählt mir Franz: „Jutta wurde heute am Strand von einem kleinen Mädchen angesprochen deren Mutter aus Deutschland stammt!" „Ja, ich weiß, das Mädchen hat nämlich mich angesprochen – in Englisch!" (Ich liebe Juttas Art Gesichter zu verdrehen!) – Noch 11 Tage!

Coromandel ist ein wirklich schönes, altes Städtchen, das den Namen „Städtchen" wirklich verdient. Es besteht nicht nur aus einer einzigen Straße. Hier wollen wir heute übernachten. Leider gibt es im Ort selbst keinen Campingplatz. Wir müssen also ca. 5 Kilometer weiter fahren. Nachdem wir uns unseren Stellplatz angeschaut haben und nachdem Rainer und ich per E-Mail und Internet geschaut haben, was sich so in der Welt und vor allem in Straubing tut und nachdem wir so auch lesen konnten, dass es unserem Hund gut geht, fahren wir wieder zurück nach Coromandel. Hier wollen wir heute zu Abend essen. Es gibt einige Restaurants die uns anlachen. Wir entscheiden uns für den „Peppertree". Es ist eine gute Wahl. Ich esse wieder einmal Lamm, obwohl ich gar nicht daran denken darf, wie süß die Tiere ausschauen, die wir täglich auf den Weiden sehen.

Am Abend spielen wir, wie so oft, Karten. Meist spielen wir Uno. Ein albernes Spiel. Vor allem, wenn ein Paar dabei ist das sich ganz offen gegenseitig so gut wie möglich hilft und nur gegen die beiden anderen spielt (nein, Rainer und ich sind das nicht). Eigentlich spielt bei Uno jeder gegen jeden. Heute wollen wir zur Abwechslung einmal etwas anderes spielen. Bayerische Spielkarten haben wir im Koffer, also wird

„Gewattet" und „Geherzlt". Beim „Watten" spielt man paarweise. Rainer und ich besitzen beim Spiel im Gegensatz zu Franz und Jutta keinerlei Ehrgeiz. Es ist uns egal ob wir gewinnen, oder verlieren. Schließlich geht es ja um nichts. Franz und Jutta dagegen steigern sich total ins Spiel hinein. Immer, wenn Jutta eine Karte, die Franz nicht gefällt, bedient, flippt Franz total aus. Zuerst versuchen wir die Beiden zu beruhigen. Das funktioniert aber nicht. Dann schlagen wir vor lieber zu „Herzln". Doch auch bei diesem Spiel streiten Jutta und Franz ständig – d.h. Franz beschimpft Jutta weil sie seiner Meinung nach die falschen Karten bedient. Rainer und ich brechen ab. Wir machen lieber einen kleinen Spaziergang. Wenn wir mit Franz und Jutta jemals wieder Karten spielen, dann nur Uno, da gibt es nur vergleichsweise kleinere Streitereien zwischen den beiden, denn da halten sie dann wieder zusammen – gegen uns. So erhalten wir uns unsere Ruhe und vor allem den ehelichen Frieden zwischen den beiden. Noch 10 Tage!

23. Tag Coromandel – Thames – Auckland –
         Orewa – Sandspit (bei Warkworth)   250 km

Heute haben wir eine längere Autofahrt vor uns. Unterwegs kaufen wir in Thames ein. Seit einiger Zeit beteilige ich mich nicht mehr am gemeinsamen Einkauf. Ich streike. Diese blöde Art von Jutta und Franz geht mir total auf den Geist! Sollen sich doch die Beiden überlegen was wir brauchen. Geht mich nichts mehr an! Na ja, das stimmt natürlich nicht, denn das

Kochen bleibt nach wie vor mir. Jutta ist keine begnadete Köchin, dazu fehlt ihr einfach die Übung. Aber jetzt kommt Jutta im Supermarkt mit jedem Stück Fleisch zu mir und fragt was ich davon halte. So ist das schon viel besser! Vielleicht kann ich das noch etwas ausbauen! Nach dem Einkauf entdecken wir eine kleine Bäckerei. Hier holen wir uns frisches Brot. Das Brot in Neuseeland ist nicht so ganz nach unserem Geschmack. Meist finden wir nur sehr weiches – so in der Art von unserem Toastbrot. Die vielen verschiedenen Brotsorten wie in Deutschland sucht man leider vergebens. Auch das Brot in der Bäckerei ist leider nicht ganz so, wie wir erwartet haben. Doch es gibt hier leckeren Kuchen und Cappuccino und vor allem Tische und Stühle in der Sonne vor der Tür. Hier dürfen unsere Männer rauchen. Dann fahren wir weiter. Wir sehen zum ersten Mal Auckland! Auf der Durchfahrt – von der Stadtautobahn aus. In ganz Neuseeland gibt es kaum ein Stück Autobahn. Aber hier dafür reichlich. Doch alles ist gut ausgeschildert und so kommen wir problemlos durch die Großstadt. Wir fahren über die Harbourbridge und sehen so die beeindruckende Skyline von Auckland.

Auf der Straße von Warkworth nach Wellsford fangen wir an nach einem Campingplatz Ausschau zu halten. Es ist aber nicht so einfach heute einen schönen Campingplatz zu finden. Es gibt zwar einen direkt neben einer Art Farm mit integriertem Kleinzoo, auf der die Möglichkeit besteht bei der Schafschur und bei Hundedressuren zuzusehen, aber der Campingplatz gefällt uns nicht. Das Zuschauen wie Schafe geschoren werden, gehört zwar unbedingt zu einem Neuseelandurlaub dazu, aber die nächste Vorführung ist erst am nächsten Tag um 11.00 Uhr. Eine unakzeptable Zeit für uns. Vielleicht haben wir ja irgendwo anders noch die Gelegenheit eine Schafschur zu sehen und wenn nicht, macht das auch nichts. Jetzt haben wir aber immer noch keinen Campingplatz. Wir könnten auf gut Glück weiterfahren, aber laut unseren Prospekten kommt in dieser Richtung so schnell kein Campingplatz mehr. Also beschließen wir umzukehren. Der nächste Platz soll in der Nähe von Warkworth, in Sandspit sein. Den suchen wir uns!

Das Wetter ist heute nicht so umwerfend, wie wir das eigentlich gewohnt sind, aber zumindest regnet es nicht. Wir finden den Campingplatz auf einer Landzunge natürlich auf Anhieb. Er sieht allerdings etwas ungewöhnlich aus. Er erinnert an einen Trödelladen. Neben der Anmeldung stehen in einer Vitrine alte Kameras, in einer offenen Garage ein Oldtimer, der so aussieht als würde er gerade (von einer lebensgroßen Puppe unter dem Auto) repariert und überall hängt und steht altes, verrostetes Gerümpel herum. Außerdem scheint der Campingplatz ziemlich ausgebucht zu sein. Heute ist Samstag und am Montag ist ein Feiertag. Das nutzen natürlich auch die Neuseeländer zu einem Kurzurlaub. Wir stellen unseren Camper ab und machen einen kleinen Bummel hinaus auf die Landzunge. Von hier aus könnte man mit dem Schiff zur nahen Kawau Insel fahren und hier Mansion House besuchen. Aber heute ist es schon zu spät und morgen wollen wir weiter. Wir begnügen uns also mit dem Blick hinaus aufs Meer und auf die Motorboote im nahen Yachthafen – und die davor geparkten Autos. Abends fängt es an zu regnen. Der Regen steigert sich zu einem wahren Sturm. Vor allem Jutta tun die jungen Leute leid, die direkt neben unserem Camper ihr kleines Zelt aufgeschlagen haben. Aber die haben sich zu helfen gewusst – sie haben mit einer großen Plane ihr Zelt regenfest gemacht.

24. Tag Sandspit – Ruakaka - Whangarei –
Kawakawa – Russel   233 km

In der Nähe von Ruakaka sehen wir den Hinweis auf eine „Touristenroute". Die ist sicher interessant für uns – interessanter als die jetzige, eintönige Straße, auf der es nur Weinberge, Kiwi- (die Früchte) und andere Obstplantagen, riesige Felder mit Hopfenstangen und dazwischen Viehweiden zu sehen gibt. Also folgen wir den Wegweisern. Leider hören die bald auf und wir wissen nicht mehr wo die Straße weiterführt. Wir geben die Suche nach dieser „Touristenstraße" bald auf und fahren zurück auf die normale Bundesstraße. Unser nächster Stopp ist in Whangarei – einem schönen, alten Städtchen mit Yachthafen. Hier parken wir direkt neben einem Einkaufszentrum.
Wir machen einen kleinen Bummel durch die touristisch voll erschlossene Fußgängerzone bis zum Hafen (Marina). Hier können wir uns endlich auch um unsere Mitbringsel für die Lieben daheim kümmern.

Wir entdecken eine Collegejacke für unseren Enkel Daniel und zwei T-Shirts für mich. Dann haben wir noch Zeit für einen Bummel durch ein Uhrenmuseum bevor wir uns wieder mit Jutta und Franz treffen. Es ist gerade Mittagszeit, also holen Rainer und ich uns im nahen Einkaufszentrum eine Kleinigkeit zum Essen. Es gibt in diesen Zentren immer auch warme kleine Snacks.

Franz und Jutta kommen nicht mit. Sie machen sich lieber Brote im Camper. Da ich mich nicht mehr um den Lebensmitteleinkauf kümmere, wundere ich mich zwar sehr, dass Jutta und Franz die Gelegenheit nicht nutzen um Vorräte für die nächsten Tage einzukaufen, aber es geht mich eigentlich nichts an. Ich beiße mir also wieder einmal auf die Zunge und halte meinen Mund. Wird das Frühstück eben etwas spärlich ausfallen!

Nicht weit von Whangarei entfernt, finden wir einen schön angelegten Park inklusive Wasserfall. Er wird von den Einheimischen als Naherholungsort zum Grillen und Faulenzen genutzt.

Um zum Wasserfall zu gelangen, muss man auf einen Holzsteg ohne Geländer die von Wasser überspülten flachen Felsen überqueren. Links vom Steg springen Kinder an einem Seil in den Fluss. Sie wissen genau, wohin sie

zwischen den Felsen springen müssen um eine genügend tiefe Stelle zu erreichen. Sie kreischen vor Vergnügen, wenn das Wasser in Fontänen hochspritzt. Wir wollen aber den Wasserfall sehen. Dazu müssen wir noch ein Stück weiter gehen. Doch dann sehen wir ihn. Die flache Felsformation hört plötzlich auf und das Wasser stürzt hier tief hinunter. Leider ist jetzt nicht viel Wasser im Flussbett. Doch im Frühjahr, nach der Schneeschmelze sieht es hier sicher ganz anders aus.

Unsere Fahrt führt uns heute u.a. auch nach Kawakawa. Extra hierher gefahren wären wir nicht, aber wenn wir schon einmal da sind, dann schauen wir sie uns eben an – die Toilette von F. Hundertwasser. Ja, tatsächlich, der moderne Künstler, der die letzten Jahre seines Lebens hier verbracht hat, hat hier eine

 von innen

 und von außen

sehr extravagante öffentliche Toilettenanlage gebaut. Sie ist wirklich sehenswert. Allerdings ist das auch schon alles, was Kawakawa Touristen zu bieten hat.

Wir wollen heute in Russel übernachten. Dazu fährt man normalerweise bis Paihia und nimmt dort die Fähre nach Russel. Doch unsere Männer haben schließlich gute Straßenkarten. So entdecken sie natürliche eine Straße die nach Russel führt. Die „normalen" Straßen sind auf diesen Karten rot eingezeichnet. Wobei „normal" auch nicht heißt, dass diese Straßen breit und gerade sind. Breite, gerade Straßen gibt es in ganz Neuseeland nur in Ausnahmefällen. Die rot eingezeichneten Straßen sind auch meist sehr kurvig und führen über Berg und Tal. Beim Fahren merkt man erst, wie bergig Neuseeland ist. Ja, und dann gibt es auch noch grüne und gelbe Straßen. Grüne Straßen vergisst man am besten – vor allem, wenn man, wie wir in einem etwas größeren Gefährt unterwegs ist. Gelbe Straßen, na ja, man kann es evtl. mal versuchen. Die Straße die unsere Männer entdeckt haben und die um die breite Bucht mit ihren vielen, vielen Inseln und Inselchen herum führt, ist gelb. Franz fährt. Leider kommen wir nicht weit, dann hört die geteerte Straße auf. Ab hier gibt es nur noch eine Schotterstraße (Gravelroad). Gravelroads dürfen wir laut Mietvertrag mit unseren Camper eigentlich nicht fahren. Franz wagt es trotzdem. Ich habe ja zuerst gedacht er hätte sich verfahren – aber es ist tatsächlich die richtige Straße. Wir bewundern ihn alle. Ich hätte nach 100 Metern aufgegeben. Der Wagen rumpelt und ächzt dahin. Sämtliches Geschirr, Besteck, Töpfe und Pfannen scheppern zusätzlich.

Sogar den Reis im Schrank über der Spüle hält es nicht mehr in seiner Plastiktüte. Langsam aber stetig rieseln die Reiskörner herunter. Es herrscht ein höllischer Lärm im Wagen. Eine Unterhaltung ist nicht mehr möglich. Franz fährt Kurve um Kurve. Auch hier gibt es natürlich kein gerades Stück Weg. Links und rechts von der Straße ist alles grau vom aufgewirbelten Staub. Hin und wieder kommt uns sogar ein Fahrzeug entgegen – einmal sogar ein Wohnwagen (der darf hier aber auch nicht fahren). Endlich sind wir durch. Kurz vor Russel haben wir wieder Teerstraße unter den Rädern.

Am Abend machen wir in Russel noch einen Spaziergang hinunter in den kleinen Ort. Russel (1.200 Einwohner), war übrigens nach 1840 für kurze Zeit die Hauptstadt Neuseelands. Russel ist einer der wenigen Orte hier im Lande, der über einen gewachsenen Ortskern verfügt. Wir bummeln zum Hafen, essen in der Nähe zu Abend und gehen dann wieder zurück.

Der Hafen von Russel

25. Tag Russel – Bay of Island – Russel

Jutta hat heute Nacht so gefroren, dass sie alles, was sie erreichen konnte, angezogen hat. Mit ihrer dicken Jacke hat sie sich dann noch zusätzlich zugedeckt. Trotzdem konnte sie, wie sie sagt, kaum schlafen. Dafür musste sie aber ständig an den Sonnenschirm denken, den wir von unserem Wohnwagenvermieter mitbekommen haben. Den haben wir bisher nicht ein einziges Mal gebraucht. Decken, die dringend notwendig wären, gehören dagegen leider nicht zur Ausstattung.

Heute fällt das Frühstück etwas spärlicher aus. Unsere Vorräte gehen zur Neige. **NATÜRLICH** – nein, ich sage nichts! (Noch 8 Tage!) Außerdem ist heute auch noch ein Feiertag – Anzac-Day. Aber bisher haben die Geschäfte immer 7 Tage in der Woche offen gehabt – und das bis spät am Abend. Wir werden also schon nicht verhungern.

Wir wollen heute eine Schiffstour hinaus zum „Hole in the rock" machen. Diese Tour beginnt aber erst um 13.15 Uhr. Wir haben also noch Zeit genug uns Russel genauer anzuschauen. Zuerst wollen meine Drei hinauf zum nahen Aussichtspunkt oben auf dem Hügel dort steht irgendein Denkmal. „Hinauf"! Wenn ich das Wort schon höre. Aber ich muss ja nicht unbedingt mit. Sie steigen also bergauf und ich sehe mir in aller Ruhe den kleinen Hafen an. Ich unterhalte mich gerade mit ein paar Enten, als ich Dudelsackmusik höre. Weit und breit ist niemand mit Dudelsack zu sehen. Aber ich höre es ganz deutlich und es kommt immer näher – es kommt vom Meer her! Tatsächlich, da kommt die Fähre und auf ihr steht ein einsamer Dudelsackspieler (oder heißt es –bläser). Ich gehe näher zur Anlegestelle der Fähre. Der Dudelsackspieler geleitet anscheinend einige ältere Herren, die das sichtlich genießen, an Land. Ach ja, heute ist doch dieser ANZAC-Day. „Australian & New Zealand Army Corps" Ein Feiertag, der an die Teilnahme Neuseelands an einem Feldzug Großbritanniens gegen das Osmanische Reich erinnert. Bei Gallipoli fielen am 25. April 1915 Tausende Neuseeländer und Australier.

Bald kommen meine drei „Bergsteiger" wieder zurück. Mittlerweilen ist der Aufmarsch (inklusive Dudelsackmusik) der Senioren (mit und ohne Uniformen – aber immer mit Orden) voll im Gange. Wir drängen uns vorbei an den Zuschauer und Beteiligten die gerade eine Ansprache über sich ergehen lassen und schlagen uns durch in eine Nebenstraße in der die älteste Kirche Neuseelands steht, die weiß gestrichene Christ Church (1836).
Die Kirchen in Neuseeland haben meist keinen Glockenturm und sind alle viel kleiner als unsere Kirchen. Sogar deutsche Dorfkirchen wären wahre „Kathedralen" im Vergleich zu den kleinen (meist aus Holz erbauten) Kirchen hier.

Mittags gehen wir zurück zu unserem Wohnmobil und essen unsere letzten Reste. Nur gut, dass Rainer und ich noch einige Essenswaren (von mir nebenbei eingekauft) als Reserven haben. Rainer und ich werden also leidlich satt. Ich glaube Jutta und Franz nicht. Aber natürlich würden sie das nie zugeben. Jetzt müssen wir aber dringend einkaufen, sonst fällt morgen das Frühstück komplett aus! Aber wir haben schon einen Lebensmittelladen entdeckt, der am späten Nachmittag, wenn wir von unserem Ausflug zurück sind, geöffnet hat.

Dann machen wir uns auf zur Anlegestelle unseres Katamarans. Unsere Tour hinaus zum „Hole in the rock" folgt dem alten Cream Trip, der Route früherer Milchsammelboote. Hier in der Bay of Island gibt es gut 150 Inseln in jeder Größenordnung. Wir sind natürlich zu früh dran. So schauen wir uns das rege

Treiben, das hier herrscht an. Es wird geangelt und immer wieder kommt die Fähre und bringt Leute bzw. andere fahren mit. Ich entdecke in der Ferne, auf der anderen Seite der Bay ein großes Segelschiff – einen Dreimaster. Den muss ich mir natürlich „näher" anschauen! Bloß gut, dass meine Videokamera ein Zoomobjektiv besitzt. So kann ich sogar sehen, dass das Schiff nicht im Wasser liegt und einen blauen Rumpf hat. Es ist der Dreimaster Tui. Leider wird das Wetter immer schlechter. Es wird so richtig mies, mit Kälte, Sturmböen und Regenschauern. Da haben wir uns ja einen tollen Tag für unseren Ausflug aufs Meer hinaus ausgesucht!

Doch als der große Katamaran, mit dem wir unsere Tour unternehmen wollen (60 $) anlegt, bessert sich das Wetter schlagartig. Die Sonne kommt heraus, der Wind lässt nach. Kurzum, es wird ein Tag, wie wir es gewohnt sind – strahlend schön.

James Cook (1728 – 1779), der berühmte Seefahrer ist übrigens hier in der Bay vor Anker gegangen. Er hat auch das „Hole in the rock", unser heutiges Ziel, entdeckt.

Rainer und ich suchen uns gleich ein Plätzchen ganz oben im Freien. Hier ist es natürlich ziemlich windig, aber die Sonne strahlt vom Himmel und wir haben hier einen herrlichen Rundumblick. Jutta und Franz sitzen lieber unter Deck (Juttas Frisur). Das Meer und die Inseln, an denen wir vorbeifahren haben, abgesehen von der Temperatur, tatsächlich „Südseeflair". Das Meer ist glasklar, die Farbe wechselt ständig von dunkelblau über hellblau bis smaragdgrün.

Unser Kapitän erklärt uns über Lautsprecher die markantesten Punkte die wir gerade passieren. So kommen wir z.B. auch an einer grünen, dicht bewaldeten Insel mit herrlichem Sandstrand vorbei, die wie er sagt, in Privatbesitz ist. Das Haus das wir sehen können ist angeblich nur das des Hausmeisters. Die eigentliche Villa (mit eigenem Hubschrauberlandeplatz) kann man vom Meer aus nicht sehen. Für Fremde ist das Anlandgehen auf dieser Insel übrigens strikt untersagt. Wir fahren weiter an vielen unterschiedlichen Inselchen vorbei. Einige sind bewaldet, andere bestehen nur aus Felsen. Oh ja, es ist schon die eine oder andere dabei, die ich auch gerne besitzen würde.

Allmählich nähern wir uns dem Ziel unserer Tour – dem Cape Brett am Ende der Bucht und dem schon von weitem sichtbaren Felsen samt Loch (Hole in the rock). Der Felsen heißt übrigens Motukokako und ist 140 m hoch. Zuerst können wir das Loch allerdings nicht sehen. Nur der bizarre Felsen steht da, vom Meerwasser umspült, einsam und verlassen mitten im Meer. Doch als wir näher kommen entdecken wir es und es wird immer größer!

Unser Kapitän bringt das Schiff in die richtige Position um auch jedem von uns einen Schnappschuss zu ermöglichen Dann fährt er näher. Immer noch kann man es kaum glauben, dass durch diese Öffnung im Felsen ein ganzes Schiff passt, auch wenn ein Katamaran sicher nicht viel Tiefgang hat. Doch unser Kapitän wird schon wissen, was er tut, schließlich macht er diese Tour jeden Tag! Tatsächlich, er fährt langsam durch! Es geht – wir haben sogar rechts und links bzw. backbord und steuerbord (wobei steuerbord in Bewegungsrichtung betrachtet, rechts ist), noch reichlich Platz. Ich stehe im Heck unseres Schiffes um nach hinten unsere Durchfahrt zu filmen und so das „Loch" im Ganzen auf den Film zu bekommen. Hier spricht mich ein grauhaariger Mann an – auch ein Deutscher. Er erklärt mir, dass es solche riesigen Felsbögen mitten im Meer, durch die ein Schiff fahren kann, nur zweimal auf der ganzen Welt gibt. Er klingt, als würde er sich auskennen.

Auf unserer Rückfahrt machen wir einen kleinen Stopp auf einer Insel. Hier können wir einen Kaffee trinken und ein Stück Kuchen essen (es gibt sogar gedeckten Apfelkuchen – Rainers Lieblingskuchen).Wenn man so in der Sonne sitzt und auf das smaragdgrüne Meer hinaus schaut, fühlt man sich hier wirklich wie auf einer Südseeinsel. Leider ist aber schon Herbst und daher ist der Wind zu kalt, sonst könnte man hier herrlich baden.

Als wir wieder in Russel an Land gehen, müssen wir zuerst einkaufen. Dann suchen wir uns ein gemütliches Restaurant für unser Abendessen. Das Restaurant liegt an der Straße zu unserem Campingplatz. Bevor wir aber hineingehen, beschließen Rainer und Franz unsere Lebensmittel zuerst zurück zu unserem Camper zu bringen. Wir, Jutta und ich, warten inzwischen auf sie und vertreiben uns die Zeit in einem Geschäft mit Kunstwerken aus buntem Glas. Ich habe bisher gedacht, dass in Bayern Glaskunst zuhause ist, aber was ich hier sehe, lässt mich meine Meinung ändern. Jutta kann sich nicht satt sehen an einer riesigen bunten Glasschale (die ist allerdings schon verkauft). Ich bin restlos begeistert von einer kleinen Glaskaraffe. Leider ist mir aber auch die noch zu teuer und vor allem – wie bringe ich die heil heim?

Als unsere Männer zurückkommen, haben wir uns schon ein gemütliches Plätzchen in einem Restaurant, nicht weit von einem offenen Kamin entfernt, gesucht. Das Feuer tut uns richtig gut. Abends wird es schon empfindlich kalt.

26. Tag   Russel – Opua – Paihia – Waitangi –
            Haruru Falls – Kerikeri – Waipapakauri
148 km

Aber heute nehmen wir die Fähre! Von Opua aus setzen wir nach Paihia über.

Paihia, mit seinen knapp 2.000 Einwohnern ein kleines Fischerdorf, liegt im Far-North-Distrikt der Region Northland auf der Nordinsel. Paihia wurde zum Touristenzentrum in der Bay of Island ausgebaut.

Wenn wir schon da sind, schauen wir uns dieses Städtchen – eine Touristenhochburg auch an. Rainer und ich müssen aber zuerst in ein Internetcafe, denn wir haben schon lange unsere E-Mails von zuhause nicht mehr abgerufen. In Straubing tut sich nichts Besonderes. Unser Eishockey-verein (die Tigers) ist nur Vizemeister geworden und unserem Hund geht es immer noch gut. Dann bummeln wir etwas durch das Städtchen und schauen uns die Kirche an. Die Kirche in Paihia ist aus Stein erbaut und hat einen

Glockenturm. Wer hat die denn gebaut? Hier gibt es doch sonst nur Kirchen aus Holz und ohne Turm!

In Waitangi kommen wir direkt an der Dreimastbark Tui vorbei (die ich schon gestern durch meine Kamera bewundert habe). Sie wurde hier auf Grund gesetzt und dient jetzt als Cafe und Schiffswrack-Museum. Wir haben leider keine Zeit uns das Schiff näher anzuschauen, schließlich wollen Jutta und Franz so schnell wie möglich ins Visitorcenter. Segelschiffe interessieren Jutta eben nicht. Mich schon (Noch 7 Tage). Waitangi ist übrigens kein Ort, sondern ein einziges, großes Freilichtmuseum. Im Visitorcenter werden wir per Video ausführlich über die Geschichte der Maori informiert. Hier in Waitangi wurde am 06.2.1840 nämlich der erste Vertrag (Treaty of Waitangi) zwischen den Maori und den Weißen geschlossen. Er brachte zwar den Maori nicht viele Vorteile, aber er war zumindest ein Anfang. Den Vertrag können wir sogar im Original (natürlich hinter Glas) anschauen. Nach dem Vortrag dürfen wir uns auf diesem geschichtsträchtigen Gelände umsehen.

Wir bewundern als erstes ein enormes, aus zwei riesigen Kauri-Baumstämmen geschnitztes Kriegskanu (Baujahr 1940). In ihm finden über 200 Krieger Platz. Es wurde natürlich bisher nie als „Kriegskanu" genutzt, sondern nur bei besonderen Feierlichkeiten zu Wasser gelassen, wobei eine Mindestbesatzung von ca. 80 Männern notwendig ist um das Riesending zu steuern.

Dann bummeln wir durch das weitläufige Gelände und besichtigen dabei das Treaty House, in dem damals dieser Vertrag unterzeichnet wurde und das weltberühmte, mit kunstvollen Holzschnitzereien verzierte Maori-Versammlungshaus. Der Boden in diesem Versammlungshaus, auch aus Holz, spiegelt. Man zieht daher gerne die Schuhe aus um den großen Raum betreten zu dürfen. Nach so viel Historie haben wir uns einen Kaffee redlich verdient. Wir bummeln daher zurück und durch ein kleines Stückchen fast unberührten Regenwald (hier soll es Kiwis geben – aber die sind, wie schon gesagt nachtaktiv). Dann fahren wir weiter. Durch Zufall sehen wir einen Wegweiser zu den Haruru Falls. Also verlassen wir die Hauptstraße und fahren in die angegebene Richtung. Leider ist die Straße aber auch diesmal eine Gravelroad. Doch das macht uns jetzt schon sehr viel weniger aus. Auch diesmal fährt wieder Franz und da er schon Erfahrung mit Gravelroads hat, fährt er manchmal ziemlich forsch, was wir am lauter werdenden Geklapper in unserer Küche merken. Wieder sind die Wegweiser nur spärlich gesetzt und wir glauben schon, wir finden den Wasserfall nicht mehr bzw. sind schon vorbeigefahren, als wir ihn plötzlich vor uns, direkt neben der Straße sehen. Auch hier scheint sich durch ein Erdbeben irgendwann einmal ein Teil der Erde gesenkt (oder der andere Teil gehoben) zu haben, so dass der Fluss (bzw. Bach) hier plötzlich eine steile Wand überwinden musste. Das sieht spektakulär aus, obwohl, das muss ich zugeben, jetzt im Herbst nicht allzu viel Wasser hinunterstürzt.

Für Wasserfälle sind wir eindeutig in der falschen Jahreszeit unterwegs. Wir fahren heute bis Waipa-pakauri (wieder so ein toller, unaussprechlicher Name). Hier finden wir einen sehr gepflegten Campingplatz fast am Meer. Nachdem ich mit den

Vorbereitungen zum Essen fertig bin (es gibt heute serbisches Reisfleisch), wollen Rainer und ich auch zum Strand. Jutta und Franz sind schon dort. Doch zuerst haben wir noch Besuch von einer süßen Katze. Die bekommt etwas vom bereits fertig gebratenen, ganz mageren, klein geschnittenen Fleisch. Ihr schmeckt es. Dann geht sie weiter und schaut wahrscheinlich, was anderswo gekocht wird. Rainer und ich können also auch losmarschieren. Der Sandstrand, die 90-Mile-Beach, ist, abgesehen von den Sanddünen zum Landesinneren hin, flach, hart und breiter als eine Autobahn. Hier fahren die Busse, die von Cape Reinga kommen, bei Ebbe, im flachen Wasser, mit ihren begeisterten Fahrgästen entlang. Auch jetzt, am Abend sind vereinzelt Autos am Strand unterwegs, was aber eigentlich verboten ist. Es ist schon zu oft vorgekommen, dass, vor allem Touristen, im Auto nicht bemerkt haben, dass die Flut eingesetzt hat. Sie konnten den Strand im Auto nicht mehr verlassen (wegen den hohen Dünen) und so sind schon einige Autos „abgesoffen" (hoffentlich nur die Autos). Das Abendessen wird ein toller Erfolg. Rainer isst nicht besonders gerne Reis, aber es schmeckt ihm, was er auch sagt. Franz meint: „das kann man ja sogar essen!" So überschwängliches Lob habe ich von ihm gar nicht erwartet! Noch kann ich mich allerdings zurückhalten und denke mir nur: "Danke Franz – was hast du denn erwartet" (Noch 7 Tage!). Jutta sagt gar nichts. Aber, es bleibt wie immer wenn ich koche, nichts übrig.

27. Tag Waipapakauri – 90 Mile Beach – Cape Reinga – Awanui – Kohukohu – Rawene   278 km

Heute fahren wir hinaus zum Cape Reinga. Ich würde ja gerne diese Tour mit dem Bus machen und auf dem Rückweg im Bus die 90-Mile-Beach langbrettern – doch Franz will selbst fahren. Schade! Um uns ein Quad (das sind die Motorroller mit den 4 Rädern) auszuleihen und wenigstens 30 Minuten an der Küste entlang zu fahren fehlt uns natürlich auch die Zeit.

Trotzdem, der Ausflug zum Cap Reinga, dem „fast" nördlichsten Punkt Neuseelands, wo sich die Tasman See mit dem Pazifik verbindet, lohnt sich. „Fast" nördlichster Punkt, denn der wirklich nördlichste Punkt liegt draußen ein Stück weiter östlich an den Surville Cliffs. Die sind aber nur schwer erreichbar. Daher wurde eben das Cap Reinga zum „fast" nördlichsten Punkt erklärt. Dass das Wetter herrlich ist, brauche ich nicht mehr extra zu betonen. Wir fahren das letzte Stück auf einer Gravelroad durch total verkohltes Baum- und Buschland. Vor nicht zu langer Zeit muss hier ein Feuer alles verwüstet haben. Auch diesmal fährt zufällig wieder Franz und Jutta sitzt vorne neben ihm. Wir sind heute, wie meist, sehr früh unterwegs um den zu erwartenden Bussen und den Massen an Touristen zuvor zu kommen. Als wir den Parkplatz ansteuern, ist außer uns nur noch ein Wohnmobil da – den Besitzer kennen wir vom letzten Campingplatz. Ein Engländer, der jetzt mit seiner Frau in Neuseeland lebt, nachdem er einige Jahre in Flensburg beim Militär war. Er spricht daher leidlich gut Deutsch. Vom

Parkplatz aus ist man in knapp 20 Minuten vorne an der Spitze des Kaps. Hier steht ein Leuchtturm und ein Wegweiser, der in die verschiedensten Himmelsrichtungen zu den Großstädten dieser Welt zeigt. Der Wind weht so stark, dass ich mich beim Filmen am Wegweiser festhalte.

Die Felsen des Kaps fallen steil ab zum Meer. Wir schauen eine Weile zu, wie die Wellen der Tasman See mit denen des Pazifiks zusammenprallen. Dann machen wir uns auf den Rückweg. Am Camper angekommen, ist auch der Engländer mit seiner Frau zurück. Es gibt ein großes Hallo. So oft trifft man hier schließlich nicht auf Bekannte.
Mittags bekommen wir Hunger und Durst. Wir sind daher recht froh, als wir an der Straße eine kleine Bar entdecken. Beim Einparken sehen wir den uns schon bekannten Camper des Engländers. Wir finden ein

schönes Plätzchen draußen auf der Terrasse – und wer sitzt schon dort? Natürlich der Engländer. Wir kommen ins Gespräch. Im Verlauf der Unterhaltung bemerkt der Engländer dass ich „exzellent" Englisch spreche – das stimmt zwar nicht, aber trotzdem, danke!

Auf der Rückfahrt sitzt Jutta hinten, in der Wohnküche, neben mir. Wir unterhalten uns.
Ich frage sie: „Hast du bei der Herfahrt die verbrannten Waldstücke bemerkt?"
Jutta: "Nein, ich habe auf die Straße aufpassen müssen!"
Ich: „Wieso hast du auf die Straße aufpassen müssen – ich habe gar nicht gemerkt dass du gefahren bist. Ich dachte Franz ist gefahren!"
Jutta: „Ach!"

Ich habe sie wieder einmal total irritiert. Dann schweigen wir längere Zeit. Jutta fängt an in unseren Reiseführern zu lesen – schon wieder! Wir haben die schon daheim gelesen – sie nicht.
Ich kann es mir nicht verkneifen ihr zu sagen: „schau doch lieber aus dem Fenster, die Gegend hier ist wirklich schön und so schnell wirst du nicht mehr hierher kommen!"
Darauf Jutta: „Ich muss doch den Männern sagen was wir uns noch anschauen müssen!"
Jetzt kann ich nicht mehr: „Glaubst du wirklich die brauchen dich dazu! Wir wissen alle ganz genau wohin wir wollen! Dauernd liest du oder schreibst an deinem Reisebericht! Das kannst du doch auch machen, wenn

wir wieder daheim sind! Du verpasst den ganzen Urlaub! Ich schreibe meinen Reisebericht ja auch erst daheim!" Leider werde ich von Wort zu Wort lauter. Unsere Männer vorne im Wagen sind schon lange verstummt.

Das kann sich Jutta natürlich nicht bieten lassen: „Ich bin eben kein „Wunderkind" wie du."

So kann das Gespräch natürlich nicht weiter gehen. Sonst können wir den Rest des Urlaubs total vergessen. Ich wechsle also schnell das Thema und frage sie, jetzt wieder in „Normallautstärke" wie ihr das Mittagessen geschmeckt hat. Sie schaut mich groß an – damit hat sie nicht gerechnet. Doch dann antwortet sie: „Gut".

Das Gespräch vorne im Camper setzt auch wieder ein.

Exzellentes Englisch und Wunderkind an einem Tag! Gute Ausbeute!

In Awanui besuchen wir einen Kauri-Shop. Kauri, das sind diese riesigen Bäume, die es nur hier auf der Nordinsel gibt. Hier, vor dem Geschäft steht auch wieder der Camper des Engländers. Wir begrüßen uns winkend. Wenn man den Shop (eine riesige Halle) betritt, sieht man vor sich einen enormen Baumstamm, der bis an die Decke des Raumes reicht. Erst wenn man diesen Baumstamm umrundet, sieht man, dass innen eine Wendeltreppe hochführt. Auf ihr kommt man in die Galerie. Auch dort sind noch weitere Möbel zu besichtigen. All diese Möbel und andere Kleinigkeiten aus Kauriholz könnte (und soll man) kaufen. Ich vergucke mich spontan in einen Stapel dicke Bücher aus Kauriholz. Das oberste Buch kann man aufklappen und hat dann einen herrlichen, kleinen Tisch (der würde genau in unser Fernsehzimmer passen). Leider ist der Tisch nicht gerade billig und da man wahrscheinlich noch mal den gleichen Betrag für den Transport rechnen müsste, verzichte ich auf den Kauf. Ich nehme mir aber vorsichtshalber einen Prospekt mit, im dem die E-Mail-Adresse des Kauri-Shops angegeben ist. Stattdessen kaufe ich mir einen Kauriholzkreisel (1,50 $).

Weiter geht es. Rainer fährt und ich sitze neben ihm. Die Straße heute ist noch kurviger und hügeliger als üblich. Mich würden die Arme schmerzen, wenn ich stundenlang ständig am Lenkrad drehen müsste – selbst mit Servolenkung! Aber als Beifahrer ist die Gegend wirklich schön. Regenwald, so weit das Auge reicht, links und rechts neben der Straße. Dann lassen wir die Hügel hinter uns. Wir kommen nach Kohukohu. Hier nehmen wir die Fähre hinüber nach Rawene, dem Ziel unserer heutigen Tour. Als wir auf die Fähre warten ist es so kalt und windig, dass sich Jutta weigert auszusteigen. Sogar ich verziehe mich sehr schnell wieder in unseren Camper.
Als die Fähre in Rawene anlegt, führt die Straße gleich steil hoch in den Ort. Unser Campingplatz liegt noch etwas weiter oben. Ich wundere mich immer wieder, welche Steigungen unser Camper verkraftet.
Unser Campingplatz heute ist eher klein und wird privat von einem Ehepaar geführt. Die meisten anderen Campingplätze bisher haben zu irgendwelchen großen Campingplatz-Ketten gehört.

Wir bekommen unseren Platz zugewiesen. Nachdem wir uns etwas eingerichtet bzw. umgezogen haben, wollen wir zum Essen gehen. Ich kann es gar nicht glauben, als Franz und Rainer erzählen dass ihnen der Besitzer des Campingplatzes seinen Jeep angeboten hat und vermute sie hätten etwas falsch verstanden. Aber es stimmt tatsächlich. Er leiht uns sein Auto, damit wir bequem in den Ort hinunter kommen (sogar Bargeld liegt in der Mittelkonsole). Er erklärt uns auch noch, zusammen mit seiner Frau, wo wir gut essen können und wo es seiner Meinung nach zu teuer ist. Dann fahren wir los – im Jeep. Das gibt es auch nur in Neuseeland! Jetzt können sich unsere Männer sogar noch mit Bier eindecken ohne es den Berg hinauf schleppen zu müssen. Dann gehen wir Essen und bringen danach den Jeep wieder wohlbehalten zurück. Neben uns steht jetzt noch ein Wohnmobil – Deutsche. Den Mann kenne ich! Er hat mir bei der Fahrt zum „Hole in the rock" erklärt, dass es auf der Welt im Ganzen nur zwei solche Löcher gibt. Jetzt sehe ich auch seine Frau. Abends gehe ich zum Duschen. Die Duschen sind hier wirklich schön. Endlich habe ich einmal viel Platz. Dafür ist die Gemeinschaftsküche eher klein. Außerdem wird hier gerade gekocht. Ich brauche also gar nicht nach einem Deckel für unseren Topf zu suchen. Denn haben wir immer noch nicht gefunden. Es ist stockdunkel (gut dass ich eine Taschenlampe dabei habe). So finde ich unseren Wohnwagen trotzdem. Hinter unserem Camper, ganz versteckt, sehe ich eine Zigarre leuchten. Es ist Franz. Er telefoniert – wahrscheinlich mit seinem Büro. Ohne die rote Glut seiner Zigarre hätte ich ihn glatt übersehen.

Am nächsten Tag beginnen wir damit unsere Koffer etwas zu erleichtern. Wir „vergessen" absichtlich ein Badetuch und eine schwarze lange Hose von mir. Das haben wir von Anfang an so geplant, damit unsere neuen Errungenschaften auch noch in die Koffer passen. Schließlich haben wir auch für den Heimflug das Limit von 20 kg pro Person.

28. Tag Rawene – Omapere – Kauri Forst –
Dargaville – Matakohe   155 km

In Omapere halten wir kurz an um uns die berühmten Dünen anzuschauen – na ja, mehr als einen kurzen Stopp sind die nicht wert. Es sind eben Dünen – riesige Sandhaufen zum Teil mit etwas Grasähnlichem bewachsen. Außerdem kann man nicht einmal direkt hin, zwischen uns und den Dünen liegt ein schmaler Meeresarm.

„......**Kauribäume** wachsen nur auf der Nordinsel. Von Dargaville aus erreicht man nach ca. 40 km die schönsten noch erhaltenen Kauriwälder Neuseelands. Hier befindet sich der knapp 600 ha großen Trounson Kauri Park mit seien vielen Kauribäumen. Weiter nordwestlich gibt es auch noch den Waipoua Kauri Forest. Hier sind die größten Kauribestände Neuseelands erhalten. Auf markierten Wanderwegen erreicht man die eindruckvollen Baumriesen „Tane Mahuta" (Gott des Waldes) und „Te Matua Ngahere"

(Vater des Waldes). Ersterer ist der größte bekannte Kauribaum der Welt. Sein Alter wird auf ca. 2000 Jahre geschätzt."

Natürlich wollen auch wir diese berühmten Kauribäume sehen. Da wir von der anderen Seite kommen, erreichen wir den Kauriforst schon vor Dargaville. Wir suchen uns einen Parkplatz von dem aus wir nach knapp 10 Minuten Weg durch herrlichen Regenwald Tane Mahuta (Gott des Waldes) erreichen. Ein Wahnsinn, dieser Baum! Wir versuchen ihn zu fotografieren, müssen aber einsehen, dass er zu groß für ein Foto ist und vor allem, dass man auf den Ausschnitten, die auf unsere Fotos passen, die wahre Größe dieses Baumriesen nicht einmal erahnen kann. Wir versuchen es aber trotzdem. Ich versuche sogar den Unterschied dadurch deutlich zu machen, dass ich Rainer zusammen mit einem Teil des Stammes von Tane Mahuta fotografiere, aber eigentlich bringt das

auch nicht viel, denn jetzt passt noch weniger vom Baum aufs Foto.

In Matakohe besuchen wir ein Kaurimuseum. Hier kann man alles, was irgendwie mit Kauri zusammenhängt, erfahren und besichtigen. Wie früher Kauribäume geschlagen wurden (das ist heute strengstens verboten) usw. Es gibt auch eine große Abteilung mit Kauriharz. Das sieht aus wie Bernstein, ist aber wesentlich jünger und daher nicht versteinert und kann eingeschmolzen und geformt werden. Na ja. Das einzige, wirklich bemerkenswerte in diesem Museum ist, dass man hier einen Eindruck von der Größe dieser Bäume bekommt. Sie waren – und sind riesig.

Neben dem Museum liegt auch gleich unser heutiges Ziel, unser Campingplatz. Kurze Zeit nach uns kommt auch das deutsche Ehepaar von gestern (Hole in the rock) hier an. Auch einige andere Gäste kennen wir bereits von früheren Campingplätzen. Ich koche heute wieder in der Gemeinschaftsküche. Hier finde ich auch einen Deckel, der auf unseren Topf passt. Endlich! Unsere Küchenausrüstung ist wieder komplett. Nach dem Abendessen bleiben wir noch etwas in der gemütlichen Küche sitzen und unterhalten uns mit den anderen Campern. Da sehe ich am Fenster eine Gottesanbeterin sitzen. Das arme Tier! Hier in der Küche hat es nichts zu suchen. Also nehme ich es vorsichtig mit einem Tempotaschentuch von der Gardine ab und trage es hinaus ins Freie. Die Gottesanbeterin will sich aber von mir gar nicht retten lassen, denn als ich mich wieder setzen will, merke ich, dass sie jetzt auf meinem T-Shirt sitzt. So ganz wohl ist mir nicht. Können Gottesanbeterinnen beißen? Ich habe keine Ahnung und trage sie daher noch vorsichtiger als vorhin, wieder hinaus. Jetzt kann ich sie überreden – sie bleibt draußen.

29. Tag Matakohe – Wellsford – Helensville – Muriwai Beach – Auckland   187 km

Eigentlich wollten wir ja heute durchfahren bis Auckland. Doch Jutta meint, wir hätten doch noch Zeit für einen Abstecher an den Strand. Sie hat Recht. So kommen wir noch ein letztes Mal ans Meer. Wir fahren an die Muriwai Beach. Hier gibt es zum Teil feinen Sandstrand. Doch dieser Sand ist dunkelbraun bis schwarz. Von unserem Parkplatz aus gesehen nach rechts, könnte man lange Strandspaziergänge unternehmen, links dagegen gibt es nur Felsen und einen Holzsteg, der an der steilen Felswand entlang und dann nach oben führt. Wir gehen natürlich nach links. Da ich damit beschäftigt bin die vielen Möwen zu füttern und zu filmen, stehe ich plötzlich allein in der Gegend herum. Daran habe ich mich aber schon gewöhnt. Doch so ganz alleine auf einem fremden Strand – ein seltsames Gefühl! Wohin meine Drei gegangen sind kann ich mir zur Not ja noch denken, aber wie lange sie vorhaben den Weg hinauf zu steigen, dass weiß ich nicht. Meinen die vielleicht ich laufe ihnen bergauf nach? Das tue ich ganz sicher nicht. Ich gehe davon aus, dass sie irgendwann merken, dass ich fehle – Rainer wird mich doch nicht lange hier alleine lassen? Ich warte und filme dabei die Möwen und die Brandung. Die Flut setzt ein. Beim Lesen eines Schildes auf dem steht was man hier und in welchen Mengen angeln darf, bekomme ich die Reste einer „Monsterwelle" direkt ins Kreuz. Nur gut, dass meine neue neuseeländische Jacke ziemlich wasserdicht ist. Jetzt reicht es! Ich muss doch nicht warten. Sollen die Drei doch nach mir suchen! Ich gehe also langsam zurück in Richtung Parkplatz. In mir baut sich allmählich Wut auf. Von Franz und Jutta erwarte ich ja nicht viel Rücksicht, aber mein lieber Gemahl! Dem müsste ich doch eigentlich fehlen! Aber anscheinend nicht. Weit und breit immer noch keine bekannte Gestalt!. Gut, dann mache ich eben auch einen Strandspaziergang – einen extra langen und in die entgegengesetzte Richtung. Mal sehen, wer hier länger auf wen wartet! Der dunkle Sand sieht irgendwie nicht sehr einladend aus. Muscheln findet man auch keine, nur Treibholz liegt herum. Außerdem stehen überall Schilder die darauf aufmerksam machen, dass die riesigen Dünen in Bewegung sind. Ich gehe und gehe. Wenn ich will, kann auch ich sehr schnell gehen! Irgendwann wird es mir zu langweilig. Außerdem kann ich, wenn ich ganz genau schaue, irgendwo weit hinten drei Gestalten erkennen. Wenn ich sie sehe, können sie mich (wenn sie mich inzwischen vielleicht doch vermissen) auch sehen. So schnell will ich aber gar nicht gefunden werden! Da hier zwischen den kaum bewachsenen Dünen ein Weg hinaus führt, stapfe ich durch den weichen Sand hinauf und hinaus auf die Straße hinter den Dünen. Nach gut einer Stunde drehe ich um. Ich weiß in etwa wo unser

Camper steht und gehe jetzt in diese Richtung. Dann kommt mir Rainer alleine entgegen. Ach, hat er doch gemerkt dass ich fehle? Er sagt kein Wort – ich auch nicht. Beim Wohnmobil treffen wir auf Franz und Jutta. Beide sehen irgendwie nicht glücklich aus. Unser kleiner Ausflug an den Strand hat jetzt doch etwas länger gedauert als eingeplant. Dafür habe aber zumindest ich jetzt blendende Laune. Wir fahren weiter nach Auckland.

In Auckland suchen wir uns zuerst einmal die Firma Kea, wo wir übermorgen unseren Camper zurückgeben müssen. Da wir dann aber wenig Zeit haben werden, schauen wir schon heute, wohin wir müssen und melden uns für übermorgen an. Der Camper steht etwas ungünstig im Weg herum. Wir haben keinen besseren Parkplatz gefunden. Daher bleibe ich zurück im Camper und gehe davon aus, dass auch Jutta bei mir bleibt. Denn gebraucht wird sie nun wirklich nicht. Es reicht schließlich, wenn unsere Männer hinüber ins Büro gehen. Jutta muss aber natürlich mit. Sie kann zwar kein Wort Englisch, aber ohne sie geht gar nichts. Ich kann es mir daher nicht verkneifen zu fragen: Franz, soll lieber ich mitgehen, oder kommt ihr auch ohne mich klar?" Was mir einen bitterbösen Blick von Jutta einbringt. (noch 4 Tage!) Dann suchen wir uns unseren letzten Campingplatz. Auch heute wollen wir wieder einen Top 10 Campground. Mit diesen Campingplätzen haben wir immer die besten Erfahrungen gemacht. Und wenn wir die Wahl hatten, haben wir uns immer für Campingplätze dieser Gruppe entschieden. Unser heutiger hat sogar 5 Sterne (Das Höchste bisher waren 4)! Den Unterschied merkt man vor allem in den Duschräumen. Der Campingplatz würde sogar über ein Hallenschwimmbad verfügen, wenn das nicht gerade wegen Renovierungsarbeiten geschlossen wäre. Aber zum Schwimmen haben wir sowieso keine Zeit. Hier auf dem Campingplatz treffen wir auch all unsere neuen Bekannten wieder. Die meisten von ihnen müssen, wie wir, morgen oder übermorgen ihre Wohnmobile wieder zurückgeben.

In der Information am Eingang, gibt es zum Glück Internetanschlüsse. Rainer und ich schauen noch kurz nach neuen E-Mails, dann gehen wir mit Jutta und Franz zum Einkaufen. Wir haben einen längeren Fußmarsch vor uns bevor wir das Einkaufszentrum erreichen. Da Jutta seit Tagen sehr darauf achtet dass unsere Vorräte aufgebraucht werden und ja nichts übrig bleibt, was man dann evtl. wegwerfen müsste, wird nicht mehr viel gekauft. So kaufen wir eben jetzt 2 Limonen anstatt Zitronensaft in der Plastikflasche (obwohl der nur die Hälfte kosten würde). Aber es bleibt nichts übrig. Rainer wird seit Tagen darauf hingewiesen, dass er noch eine Dose Thunfisch aufzubrauchen hat. Doch so etwas hört Rainer grundsätzlich nicht. Er ist perfekt im „Weghören" (Jahrzehntelanges Training – nein, nicht erst bei mir, schon bei seiner Mutter). Manchmal beneide ich ihn darum. Es gibt auch seit zwei Tagen keinen Kaffee mehr, nur noch Tee, den wir noch reichlich haben. Kaffeesahne ist auch gestrichen, wir haben aber noch Milch. So belasten wir unsere Reisekasse nicht unnötig. So ein Quatsch! Nur damit ja nicht übrig bleibt, sollen wir uns quälen! Wir haben Urlaub. Aber um des lieben Friedens willen halte ich, wie meist, meinen Mund. Die paar Tage werde ich auch noch überstehen! Als dann jedoch Jutta meint sie hätte doch gerne zum Frühstück Kaffee und hier gäbe es ein kleineres Glas löslichen Kaffee (der kostet zwar mehr als 250 Gramm gemahlener Kaffee, aber das macht anscheinend nichts) schalte ich auf stur. „Wenn du unbedingt Kaffee willst, kaufe ihn dir doch von deinem Geld – ich habe das ja auch den ganzen Urlaub über getan! Wir können wirklich einmal Tee trinken!!" Jutta schluckt und nickt. Später, an der Kasse, Franz und Jutta stehen an einer anderen Kasse an als wir, denn ich brauche wie immer einige Kleinigkeiten für mich (uns) privat, sehe ich, wie Franz unsere wenigen gemeinsamen Einkäufe auf das Förderband legt und, ich glaube ich sehe nicht richtig, liegt da mitten drin, unübersehbar, Juttas Kaffee. Na wartet! Selbstverständlich mache ich aber Rainer darauf aufmerksam.

Nachdem wir unseren Einkauf im Camper verstaut haben, gehen wir in das nahe Lokal „Fools und Horses" (Narren und Pferde = Pferdenarren - oder heißt das ganz etwas anderes?). Auch die Speisen haben hier sonderbare Namen. Wir werden von einem jungen Ober bedient, der einige Zeit in Deutschland gelebt hat und sehr stolz auf seine Deutschkenntnisse ist.

30. Tag Auckland

Auckland: Die größte Stadt, bzw. die einzige Großstadt Neuseelands hat 1.320.700 Einwohner (ein Drittel der Landesbevölkerung). Das landschaftliche Bild wird geprägt durch ca. 50 inaktive Vulkane in und um die Stadt herum. Auch die Lage an den geschützten Meeresbuchten trägt viel zum Bild Aucklands, nicht zuletzt dank der Zahlreichen Segelboote, durch die die Stadt den Beinamen „City of Sails" trägt, bei.

Beim Frühstück frage ich Rainer ganz lieb und süß, ohne ihm jedoch dabei in die Augen zu schauen (sonst kann ich unmöglich weiter ernst bleiben): „Rainer willst du Tee oder doch lieber Kaffee? Jutta hat sich gestern Kaffee gekauft, und wenn du sie ganz lieb fragst und die Hälfte zahlst, gibt sie dir vielleicht etwas von ihrem Kaffee ab!" Noch bevor Rainer antworten kann fällt mir aber schon Jutta ins Wort: „Nein, nein, Rainer, du brauchst nichts zahlen, du kannst natürlich auch gerne Kaffee haben!" Sie hat ganz rote Flecken im Gesicht. Bin ich boshaft? Ja, aber zynisch klingt besser. Rainer trinkt lieber Tee. Meine Augen sprühen vor Begeisterung Funken, das merkt aber nur Rainer. Seine Augen sagen aber wie immer das gleiche: „Gib Ruhe, 3 Tag noch, die wirst du auch noch überstehen!" Heute lassen wir unseren Camper stehen. Wir fahren mit dem Bus hinein nach Auckland. Zuerst wollen wir uns den Sky-Tower ansehen. Wir umrunden ihn, finden aber keinen Eingang. Man muss zuerst in den nahen Glasbau mit Hotel und kleineren Geschäften gehen. Dort, im Keller ist der Eingang zum Lift (18 $). Das sollte man einem doch sagen! Doch im Keller bekommt man zuerst auch hier einen Videovortrag über die Stadt und ihre Geschichte. Dann geht es nach oben. In diesem Lift ist ein Teil der Bodenplatten durch dicke Glasscheiben ersetzt. Man kann also nach unten schauen, während man rasend schnell nach oben fährt. Wir steigen aus und bewundern die Sicht auf Auckland von oben. Auch hier auf der Besucherplattform ist ein Teil der Bodenplatten direkt vorne an den besten Aussichtspunkten durch dickes Glas im Boden ersetzt. Daneben steht, dass dieses Glas genauso haltbar und stabil ist wie die Stahlplatten daneben. Aber irgendwie macht es schon einen großen Unterschied, ob man auf Stahl steht, oder durch Glas weit unter sich Autos fahren sieht.

Bald haben wir unseren Rundgang beendet. Jetzt warten wir auf die „Tower-Jumper". Denn auch hier von dieser 328 m hohen Betonnadel springen Leute. Nach ein paar Minuten ist es so weit. Der erste „Springer".

Allerdings springt der nicht, nein er wird herunter gelassen und jetzt hängt er direkt vor uns zwischen zwei fest verankerten Seilen, damit auch ja alle Besucher des Sky-Tower etwas davon haben. Er hängt auch nicht kopfüber, wie die Bungyjumper an den Brücken, sondern mit den Füßen nach unten und mit weit ausgebreiteten Armen. Dann saust er weiter nach unten, wo er sanft auf einer Gummimatte landet. Ich glaube, Bungyjumping von einer 46 m hohen, alten Brücke bringt mehr Nervenkitzel und ist gefährlicher.

Wir haben genug gesehen. Jetzt wollen wir noch einen kleinen Bummel durch die Innenstadt unternehmen. Da wir noch Einkäufe erledigen müssen, trennen wir uns von Franz und Jutta, nicht ohne vorher den Treffpunkt wieder hier, am Busbahnhof auszumachen.

Rainer und ich bummeln durch die Einkaufsstraßen. Bald haben wir einen Laden entdeckt, der uns zusagt. Wir suchen nämlich für unseren Sohn ein Sporttrikot. Er wünscht sich eines von einer neuseeländischen Rubgymannschaft. Bisher haben wir immer nur Dresse der „all in black" neuseeländischen Nationalmannschaft entdeckt. Der ist Rainer aber zu farblos – eben schwarz, mit einem kleinen Farnblatt. Er will für seinen Sohn etwas Bunteres, wenn möglich geringelt. Auch so etwas gibt es hier. Na also. Jetzt suche ich nur noch für mich den Film „Whalerider". Das ist der bisher einzige Spielfilm mit Maori als Hauptdarsteller. Den bekomme ich bei uns nie. Hier müsste es diesen Film aber doch geben. DVD-Läden finden wir genug. Doch in keinem gibt es diesen Film, aber alle kennen ihn. Sie könnten ihn mir auch bestellen (morgen kann ich ihn dann abholen - geht aber leider nicht mehr). Dann eben nicht! Rainer und ich bummeln noch durch einen kleinen Markt mit sehr interessantem Krimskrams (leider haben wir aber nicht mehr viel Bargeld und umtauschen wollen wir heute auch nichts mehr). Dann besuchen wir noch den nahen Stadtpark. Dann gönnen wir uns einen Cappuccino (für den langt unser Geld noch). Jetzt wird es schon wieder Zeit. Wir müssen zurück zum Treffpunkt.

Am späten Nachmittag sind wir zurück im Campingplatz. Jetzt müssen wir packen. Diese Arbeit erledigen Jutta und ich alleine. Unsere Männer würden uns nur im Weg stehen. Da unser Wohnwagen so klein ist, dass sich immer nur eine frei bewegen kann, müssen wir das nacheinander machen. Ich fange an. Einpacken geht schnell. Ich muss nur darauf achten, dass alles, was ich noch brauche in den kleinen Trolly kommt, damit ich die großen Teile erst wieder in Straubing aufmachen muss. Dann ist Jutta an der Reihe. Sie braucht mindestens doppelt so lange wie ich und ohne Franz geht es natürlich doch nicht. Obwohl Jutta, sparsam wie sie und Franz nun mal sind, kaum Mitbringsel gekauft hat.

Am Abend gehen wir nochmals in das Lokal von gestern (Fools & Horses). Heute essen Jutta und ich Kassler mit Gemüse. Es heißt zwar ganz anders, ist aber einwandfrei Kassler.

31. Tag Auckland – Singapur   8.411 km

Heute müssen wir noch den Kühlschrank ausleeren. Dann stellen wir all unsere nicht aufgebrauchten Vorräte vor die Tür und die Männer bringen sie hinüber in die Gemeinschaftsküche. Dort bleiben der Reis, die Teebeutel, das Salz, der Pfeffer, die Thunfischdose, die Nudeln, usw. nicht lange stehen. Andere Touristen können alles gut brauchen. Es verkommt also nichts. Kaum haben unsere Männer übrigens die Lebensmittel in die Gemeinschaftsküche gestellt, sind sie auch schon weg. Dafür stehen jetzt andere dort. Anscheinend reisen heute noch mehr Touristen ab. Die Betten werden abgebaut, es entsteht ein richtig „ordentlicher" Wohnwagen. Nach einem kurzen Umweg finden wir zum Gelände der Fa. Kea und geben unser Wohnmobil zum vereinbarten Zeitpunkt zurück. Auch hier treffen wir wieder auf die Deutschen (vom hole in the rock). Wir warten im Großraumbüro auf unseren Shuttlebus.

Wir verlassen Neuseeland. Ein ungewöhnliches Land. Daran das die Sonne mittags im Norden steht, habe ich mich, nachdem Rainer es mir auf seinem Kompass vorsichtshalber noch mal gezeigt hat, gewöhnt. Wir sind schließlich auf der anderen Seite des Äquators. Auch das der Mond, dessen Sichel hier im gleichen Winkel steht wie bei uns, andersherum ab- und zunimmt, kann ich mir noch irgendwie erklären. Schließlich stehen wir hier ja, von Deutschland aus gesehen, alle auf dem Kopf! Also, warum nicht auch der Mond! Aber, dass hier alles irgendwie „links" ist, erklärt das nicht. So fahren hier nicht nur die Autos auf der linken Straßenseite, auch die Türen gehen alle in die andere Richtung auf (eben für Linkshänder). Sämtliche Riegel in den Toiletten sind nur für Linkshänder bequem zu bedienen und drehen sich in die falsche Richtung. Die Wasserhähne sind vertauscht. Der Warmwasserhahn befindet sich rechts, der Kaltwasserhahn links (bei uns ist das umgekehrt). Angeblich fließt hier sogar das Wasser im Ausguss andersherum ab. Unsere Männer wollten das ausprobieren, sie sind sich aber nicht so ganz sicher ob das stimmt. Wir haben wirklich viel gesehen. Leider haben wir es aber nicht geschafft bei einer Schafschur zuzuschauen und ich hätte mir auch einmal gerne eine Kiwi (diesmal die Frucht) aus der Nähe angeschaut, aber irgendwie habe ich vergessen das den Männer zu sagen und so von alleine sind sie natürlich nicht auf die Idee gekommen.

Beim Einchecken werden wir gefragt, ob wir unser Gepäck gleich nach Frankfurt weiterfliegen lassen wollen? Natürlich wollen wir! Dann haben wir es los und müssen uns nicht mehr damit abschleppen. Jutta hat leider falsch gepackt. Also geht das bei ihr und Franz nicht. Daher ist Franz wieder einmal ziemlich sauer. Jutta ist sich aber keiner Schuld bewusst – schließlich hat man ihr nicht gesagt wie sie packen soll.

Jetzt haben wir wieder einmal viel Zeit. Der Abflug ist erst um 14.10 Uhr. Doch bevor wir an Bord dürfen, müssen wir noch durch den Zoll. Bei der Einreise war der Zoll ja sehr streng. Aber jetzt bei der Ausreise – was kann man da schon noch von uns wollen? Na, unser Geld natürlich! Ja, zuerst einmal müssen wir eine Flughafensteuer zahlen (25 $). Wir haben aber keine Neuseelanddollars mehr – schließlich haben wir damit nicht gerechnet. Aber aus diesem Grund gibt es genau hier einen Bankschalter. Es geht wahrscheinlich vielen Touristen wie uns. Dann müssen wir nochmals ein Formular ausfüllen (Zielflughafen, Heimatadresse usw.). Ob das jemals jemand liest? Dann dürften wir eigentlich endlich an den Ausreiseschalter. Aber vorher will unbedingt noch eine Angestellte meinen Trolly wiegen. Das kann sie ruhig machen – er ist aber ganz sicher schwerer als erlaubt. Sie stellt ihn auf die Waage, rollt mit den Augen und gibt ihn zurück. Jetzt zeigen wir dem Mann am Zollschalter noch unsere Pässe und geben unsere Ausreiseerklärung ab. Wir bekommen einen Stempel in den Pass – fertig. Nein, noch nicht fertig. Natürlich wird unser Handgepäck noch durchleuchtet. Dabei entdeckt man einen Gegenstand aus Metall mit dem keine der Damen die dafür zuständig sind, etwas anfangen kann. Also wühle ich meinen Rucksack komplett durch, bis ich ganz unten Rainers Kompass entdecke. Jetzt sind die Damen zufrieden und wir dürfen passieren. Der Abflug ist pünktlich um 14.10 Uhr. Jetzt haben wir wieder 10 lange Stunden Flug vor uns. Doch durch die Zeitverschiebung von – 6 Std. landen wir schon um 18.10 Uhr in Singapur. Auch abends ist es hier noch genau so schwül wie am Tag. Wir wohnen auch diesmal wieder im Orchardhotel. Wir sind froh, als wir endlich in unserem klimatisierten Hotelzimmer sind. Rainer und Franz wollen noch eine Zigarre rauchen gehen (wir haben diesmal kein Raucherzimmer). Rauchen ist daher nur in der Hotelbar möglich. Aber ich will nur noch duschen. Dann ziehe ich mir den bequemen Bademantel, der im Kleiderschrank hängt, an und genehmige mir einen Cognac aus der Minibar, strecke mich auf dem breiten Bett aus und schaue Fern. Das habe ich seit Wochen kaum mehr getan. Doch eigentlich bin ich nur noch müde.

32. Tag Singapur – Frankfurt   10.298 km

Auf das Frühstück heute freue ich mich schon richtig. Es ist wieder genauso reichhaltig wie bei unserem letzten Aufenthalt. Heute haben wir einen halben Tag Zeit. Den wollen Franz und Jutta relaxend am Hotelpool verbringen. Rainer und mir ist die Zeit aber zu schade um sie am Pool zu verbringen – wer weiß, ob und wann wir jemals wieder nach Singapur kommen werden. An einem Pool relaxen, das kann ich wirklich auch zuhause. Wir machen also lieber nochmals einen Bummel die Orchard Road entlang.
Obwohl wir beide frisch geduscht sind, sind wir nach kürzester Zeit schweißnass. Wir sind schon ziemlich weit die Orchard Road entlang marschiert (weiter als beim letzten Mal), als wir von weitem einen Sky-Tower sehen. Rainer liebt Sky-Towers. Also gehen wir weiter in diese Richtung. Zum Glück steht der Sky-Tower direkt an der Hauptstraße.

Er gehört zwar zu einem Hotel, aber der Lift ist schnell gefunden und so genießen wir im klimatisierten Cafe hoch über der Stadt den Rundumblick auf diese exotische Stadt. Sogar die Hochhäuser haben zum Teil asiatische Dächer. Als wir wieder im Lift nach unten fahren, entdecken wir die Aufschrift: „Bei Bedarf Ticket hineinstecken". Welches Ticket bitte? Was ist, wenn jetzt der Lift stehen bleibt? Er bleibt aber natürlich nicht stecken.

Wir bummeln wieder zurück. Da wir noch Zeit haben, kaufen wir uns in einem Starbuck-Cafe noch einen letzten Cappuccino. Dann geht es zurück ins Hotelzimmer. Wir müssen dringend noch mal duschen. Dann nehmen wir unseren Trolly und unseren Rucksack, kontrollieren ob wir auch wirklich nichts vergessen haben und treffen uns in der Lobby mit Jutta und Franz. Die Männer erledigen die Formalitäten an der Rezeption (Rainer bezahlt meinen Cognac). Dann fahren wir mit einem Taxi zum Flughafen. Heute brauchen wir aber kein Großraumtaxi, denn Rainer und ich haben ja nur Handgepäck. Unsere großen Koffer bzw. Taschen sind hoffentlich schon auf dem Weg zum richtigen Flugzeug nach Frankfurt.

Unser Flug soll eigentlich um 14.05 Uhr starten. Doch leider hat er gut 30 Minuten Verspätung (angeblich ist es in der Maschine zu heiß. Die Räume müssen erst heruntergekühlt werden). Dann geht es endlich los.

Wieder haben wir 12 endlose Flugstunden vor uns. Doch zum Glück ist die Maschine nur gut zur Hälfte besetzt. Rainer und ich haben daher 4 Plätze (ohne Armlehnen dazwischen) alleine für uns. Toll! Einer von uns kann sich also über drei Plätze ausstrecken. Außerdem haben wir genügend Kissen und Decken. Es geht uns also wirklich gut. Der Service ist auch wieder perfekt. Um 22.30 Uhr (Zeitverschiebung - 4 Stunden) kommen wir in Frankfurt an. Hier treffen wir auch wieder mit unserem Gepäck zusammen, das wir ja von Auckland aus direkt durchgecheckt hatten. Ich hatte doch leise Bedenken ob das auch klappt. Jetzt haben wir wieder einmal reichlich Zeit. Unser IC geht erst um ca. um 1.00 Uhr. Was machen wir also mit unserer Zeit?

33. Tag Frankfurt – Straubing   380 km

Wir suchen uns im Flughafen/Bahnhofsgelände (beides befindet sich in einem Gebäude), ein Lokal. Hier haben zum Glück auch um diese Zeit die Lokale noch offen, und warten dass die Zeit vergeht.

Unser Zug kommt pünktlich. Doch leider hält er nicht dort, wo er laut Plan halten müsste. Um in das von uns reservierte Abteil zu kommen, dürfen wir also mit unserem ganzen Gepäck ein Stück zurück rennen (der Zug hält nur ein paar Minuten). Als der Schaffner zur Abfahrt pfeift, haben wir unser Abteil immer noch nicht erreicht. Wir steigen also in das nächstbeste ein. Geschafft! Der Zug fährt los. Jetzt stehen wir in dem schmalen Gang vor den reservierten Abteilen – aber leider noch nicht vor unserem. Das ist in einem anderen Waggon. Wie uns scheint es auch noch anderen Reisenden gegangen zu sein. Auch sie wollen durch die engen Gänge. Doch da stehen wir mit unserem Gepäck. Ein Vorbeikommen ist nicht möglich. Einer von uns muss immer in ein vollbesetztes Abteil ausweichen um den anderen vorbei zu lassen. Endlich erreichen wir, total verschwitzt und innerlich vor Wut kochend unser Abteil. Es ist für 6 Personen. Aber schon zu viert wissen wir nicht wohin mit unserem Gepäck. Unsere Männer wuchten die schweren Koffer (alle etwas über 20 kg) in die Gepäcknetze über unseren Köpfen. Eine Frau alleine würde das nie schaffen. Eine große Reisetasche und unser kleineres Gepäck bleiben allerdings übrig. Es gibt keine Möglichkeit mehr den Rest zu verstauen. Zu allem Überfluss kommt jetzt auch noch eine ältere Dame mit Gepäck, die hier den 5. Platz gebucht hat. Sie sieht, wie voll es bei uns ist und meint: „Ich will aber meine Füße ausstrecken!" Als ich ihr erkläre, dass das wohl nichts wird (was sie aber natürlich selbst sieht), geht sie wieder und sucht sich irgendwo anders ein ruhigeres Plätzchen. Wir machen es uns bequem so gut es geht. Allerdings, die harten Sitze, bequem ist da gar nichts. In anderen Abteilen haben wir gesehen, dass die Sitze ausgezogen werden können. Dadurch entsteht, wenn man das bei allen 6 Sitzen macht, eine große Liegefläche. Wir probieren es. Na ja, optimal ist das auch nicht – jetzt fehlen irgendwelche Kissen, aber es geht. Allerdings komme ich (ich sitze direkt an der Tür) nicht mehr an den Schieber um die Tür zu schließen. Das muss ich jetzt mit dem Fuß machen. Wenn die Tür zu ist, ist es zu heiß. Das Fenster kann man nicht öffnen und die Klimaanlage funktioniert nicht. Also öffne ich wieder die Tür. Jetzt bekommen wir Probleme mit unseren Nachbarn. Eine Frau kommt und beschwert sich über unseren Lärm (dabei wollen wir doch eigentlich schlafen)!

In Würzburg haben wir 1 Stunde planmäßigen Aufenthalt. Dann geht es weiter nach Nürnberg. Hier hält die Bahn schon wieder. Diesmal dauert der Stopp (unplanmäßig) 1 ¼ Std. In einem IC! Wir können es nicht fassen. Allerdings hat dieser Stopp auch sein Gutes. Wir hätten eigentlich in Regensburg 2 Stunden Aufenthalt und haben uns schon überlegt, wohin wir gehen könnten. Ein offenes Lokal im Bahnhofsgelände gibt es um diese Zeit nicht. Das haben unsere Männer schon bei der Herfahrt ausgekundschaftet. Es bleibt uns also nur die Bahnhofsmission. Die gibt es in Regensburg. Als wir, mit jetzt 1 ½ Stunden Verspätung endlich in Regensburg ankommen, macht sich Franz auf die Suche nach einer Toilette und dabei entdeckt er, dass sogar die Bahnhofsmission um diese Zeit geschlossen ist. Aber, wir brauchen sie ja jetzt (dank der bereits legendären Verspätungen der Bundesbahn) nicht. Die letzte Teilstrecke fahren wir im Bummelzug von Regensburg nach Straubing. Im Abteil sitzen sehr laute Bundeswehrsoldaten, einer davon mit einem ausgeprägten sächsischen Dialekt. Bei einer Kontrolle durch den Schaffner stellt sich heraus, dass zwei der drei nicht einmal ein Ticket haben.

Rainers Wünsche für die nächste Woche: Zuerst einmal ein richtiges Bayerisches Schweinernes mit Sauerkraut und Semmelknödeln, dann jeden Tag Wurst (Weißwurst, Bratwurst, Bockwurst, Schweinswürstel) und dazu frisches Brot bzw. Brötchen (Semmeln) und dazu Weißbier.

Ach ja, den Wunsch unsere Freunde Jutta und Franz zu sehen, haben wir in den nächsten Wochen nicht oft. Dass geht den Beiden aber anscheinend auch so. Aber, dank meiner „Zurückhaltung" und Rainers „Überhören", sprechen wir noch miteinander, ja gehen sogar, wie vor unserem Urlaub, hin und wieder, zusammen mit anderen Freunden, miteinander weg. Den Wunsch mit Jutta und Franz irgendwann einmal wieder in Urlaub zu fahren, haben Rainer und ich bisher aber nicht. Das kann sich ja vielleicht einmal ändern – allerdings Urlaub in einem Camper machen wir ganz sicher nie wieder zusammen.

Als Anhang jetzt noch die komplette Reiseroute incl. Gefahrener bzw. geflogener Kilometer – für alle, die sich trotz meines Reiseberichtes trauen die Tour selbst einmal (mit oder ohne Freunden) zu fahren. Rainer und mir hat die Reise, auch wenn das manchmal etwas anders klang, gefallen, es war zumindest nie langweilig. Von Jutta und Franz weiß ich das nicht – vielleicht habe ich die ja noch viel mehr genervt. Ich frage sie also besser erst gar nicht.

Reiseroute

1. Tag	Straubing – Frankfurt	380 km
2. Tag	Frankfurt - Singapur	10.298 km
3. Tag	Singapur – Christchurch	8.411 km
4. Tag	Christchurch	10 km
5. Tag	Christchurch – Hafen (Lyttelton) – Christchurch – Ashburton – Geraldine – Lake Tekapo	266 km
6. Tag	Lake Tekapo – Lake Putaki – Mt. Cook – Omarama – Oamaru	318 km
7. Tag	Oamaru – Moeraki Boulders – Dunedin (Otago-Halbinsel) – Portobello	153 km
8. Tag	Portobello - Dunedin – Taiaroa Head – Te Anau	332 km
9. Tag	Te Anau – Milford Sound – Manapouri Lake	255 km
10. Tag	Manapouri Lake – Queenstown	208 km
11. Tag	Queenstown – Kawarau – Wanaka – Lake Hawea – Haast Pass – Haast	265 km

12. Tag   Haast – Fox Glacier – Franz Josef Glacier –
Hokitika   295 km

13. Tag   Hokitika – Punakaiki (Pancakes) – Carters Beach
– Cape Foulwind   65 km

14. Tag   Cape Foulwind – Westport – Inangahua –
Motueka – Kaiteriteri   245 km

15. Tag   Kaiteriteri – Takaka (Abel Tasman Park) –
Kaiteriteri – Upper Moutere – Nelson   285 km

16. Tag   Nelson – Blenheim – Picton – Wellington –
Upper Hutt   95 km

17. Tag   Upper Hutt – Napier   308 km

18. Tag   Napier – Taupo   143 km

19. Tag   Taupo – Turangi (Tongariro National-park) –
Taupo – Huka Falls – Rotorua   208 km

20. Tag   Rotorua – Waiotapu – Pohutu – Whakarewarewa
– Awakeri   147 km

21. Tag   Awakeri – Tauranga – Matamata – Whangamata
254 km

22. Tag   Whangamata – Hot Water Beach – Coromandel
150 km

23. Tag	Coromandel – Thames – Auckland – Orewa – Sandspit (bei Warkworth)	250 km
24. Tag	Sandspit – Whangarei – Kawakawa – Russel	233 km
25. Tag	Russel – Bay of Island – Russel	0 km
26. Tag	Russel – Opua – Paihia – Waitangi – Haruru Falls – Kerikeri – Waipapakauri	148 km
27. Tag	Waipapakauri – 90 Mile Beach – Cape Reinga – Awanui – Kohukohu – Rawene	278 km
28. Tag	Rawene – Omapere – Kauri Forst – Dargaville – Matakohe	155 km
29. Tag	Matakohe – Wellsford – Helensville – Muriwai Beach – Auckland	187 km
30. Tag	Auckland	0 km
31. Tag	Auckland – Singapur	8.411 km
32. Tag	Singapur – Frankfurt	10.298 km
33. Tag	Frankfurt – Straubing	380 km